跟
大
师
学
语
文

精读指导举隅

叶圣陶
朱自清 /著

中
华
书
局

图书在版编目（CIP）数据

精读指导举隅/叶圣陶，朱自清著. —北京：中华书局，
2013.4（2025.2 重印）
（跟大师学语文）
ISBN 978-7-101-08971-4

Ⅰ.精…　Ⅱ.①叶…②朱…　Ⅲ.汉语-阅读　Ⅳ.H1

中国版本图书馆 CIP 数据核字（2012）第 246777 号

书　　名	精读指导举隅
著　　者	叶圣陶　朱自清
丛 书 名	跟大师学语文
封面插图	丰子恺
责任编辑	周　璐
装帧设计	许丽娟
责任印制	陈丽娜
出版发行	中华书局
	（北京市丰台区太平桥西里 38 号　100073）
	http://www.zhbc.com.cn
	E-mail：zhbc@zhbc.com.cn
印　　刷	河北新华第一印刷有限责任公司
版　　次	2013 年 4 月第 1 版
	2025 年 2 月第 8 次印刷
规　　格	开本/710×1000 毫米　1/16
	印张 8¾　字数 120 千字
印　　数	26001-27500 册
国际书号	ISBN 978-7-101-08971-4
定　　价	26.00 元

"跟大师学语文"丛书
出版说明

　　这套丛书收录了《文章作法》、《文话七十二讲》、《文章讲话》、《怎样写作》、《语文随笔》、《略读指导举隅》、《精读指导举隅》等关于语文学习的指导性名著。它们的作者就是著名的语文教育大师夏丏尊、叶圣陶和朱自清先生。这就是丛书名的由来。

　　夏丏尊先生（1886—1946）、叶圣陶先生（1894—1988）和朱自清先生（1898—1948）是我国著名的教育家和文学家，他们都把毕生精力投入祖国的新文化建设和教育事业之中。尤其是在20世纪的30年代，身为开明书店总编辑的夏丏尊先生创办了《中学生》杂志，叶圣陶先生任杂志主编。这本杂志以先进的文化思想、丰富的科学知识教育中学生，在中国语文教学方面，下力尤深，成果卓著，被几代中学生视作良师益友，在文化界、教育界和出版界有口皆碑。多年的教学实践和理性思考，使他们在中学语文教学的各个方面都有突出的建树，留下许多精彩的著作，这套丛书选录的就是其中的精粹。

　　《文章作法》由开明书店初版于1922年。其原型是夏丏尊先生在长沙第一师范和白马湖春晖中学的讲义稿，后经教育家刘薰宇先生（1894—1967）结合自己的教学实践修改编辑而最后成书。其特点是根据不同的文体，着重介绍语文知识和写作技巧，便于中学生提高实际写作能力。

《文话七十二讲》则源自于夏丏尊、叶圣陶两位先生编写的《国文百八课》。20 世纪 30 年代，两位先生因不满当时的语文教学和使用的课文"缺乏客观具体的科学性"，着手编撰了一套供初中学生使用的语文教材。因初中共六个学期，每学期上课十八周，一共一百零八周，所以这套按照一百零八周来顺序设计教学内容的课本，就定名为"国文百八课"。每一课包括"文话"（阅读写作指导）、"选文"、"文法修辞常识"和"习问"（练习和问题）四部分，形成一套完整科学的初中语文教学体系。可惜因抗日战争爆发，《国文百八课》只出版了四册，成七十二课，就不得不中断了。吕叔湘先生认为，这套课本的"最大特色"同时也是"编者用力最多的部分"，就是"文话"。所以，这本《文话七十二讲》就是从《国文百八课》中抽出的单行本。用七十二个主题，分别结合阅读，主讲文章的写作方法。

　　《文章讲话》一书收录了夏丏尊、叶圣陶两位先生有关文章写作的十篇文字。前七篇是 1935—1937 年在《中学生》杂志《文章偶话》栏目中连载的；后三篇是夏先生利用 1937 年暑假赶写的，但因上海"八·一三"抗战爆发，而未能刊登。直到 1938 年，开明书店才结集出版。

《怎样写作》是叶圣陶先生有关写作的文章专集,共收录了二十一篇长短文字。他集数十年写作经验,多角度多侧面地讲述了写作成功的诀窍和失败的根源,精义迭出。

　　《语文随笔》则是叶圣陶先生有关中学语文教学的随笔集,共收录了十四篇文章,能够比较完整地体现叶圣陶先生关于语文教学的看法和见解。

　　《略读指导举隅》是叶圣陶、朱自清两位先生合作编写的中学国文教学指导用书。1943年初版印行于四川。略读作为精读的补充,在教学中常被忽略。本书阐明了略读的含义,略读应注意的问题、方法等。通过实例来说明略读对培养学生阅读习惯和写作技巧的作用。

　　《精读指导举隅》一书侧重于精读指导。书中选用五篇文章作例子,叙述文、短篇小说、抒情文、说明文、议论文等皆有涉及。指导大概中分析文章、提示问题的态度和方法特别值得注意。具体实例中的说明和联想详实有效,可谓"纤屑不遗,发挥净尽",对当下的语文教学有现实指导作用。

　　这套书虽然绝大部分完成于20世纪前半叶,而且篇幅都不大,但毫无疑问都是中学语文教学的经典,就像朱自清先生对《文心》的评价一样,"不独是中学生的书,也是中学教师的书",而且常读常新,对于当前的语文教学更具有极大的启发性。经典是不会过时的。

最后需要说明的是,夏丏尊、叶圣陶两位先生写作的《文心》(开明书店1934年出版)也是应该收入此套丛书的,但因目前版权问题尚未解决,故此次出版只能暂且割爱了。

中华书局编辑部

2019 年 12 月

目　录

例
言

一　本书与《略读指导举隅》一样，专供各中学国文教师参考用。

二　本书专重精读指导，书中选了五篇文章作例子。计叙述文一篇、短篇小说一篇、抒情文一篇、说明文一篇、议论文一篇；其中《泷冈阡表》和《封建论》都是教科书里常见的。

三　本书没有选诗歌。但《谈新诗》一篇的"指导大概"里谈的都是诗歌；诗歌的指导方法大致不外乎此。

四　本书的"前言"是向各位中学教师说的。我们力求各项建议切实可行，而且相信如此。我们知道事实上能作到"前言"里所说各项的还不太多，但希望大家继续努力，达到那些标准。那些标准绝不只是理想的。

五　本书各篇"指导大概"是用教师的口气向学生

说的。我们所注重是分析文篇、提示问题，因而进行讨论。"前言"的第三项有详细的说明；六篇"指导大概"便是实例。这六篇"大概"都是完整的成篇的文字。我们可并不是说"指导"就由教师一个人这样从头至尾演讲下去。"指导"得在讨论里。讨论时自然有许多周折，有许多枝节。但若将讨论的结果写成报告，自然该成为一篇完整的文字。这六篇"指导大概"就是这种报告。倘使各位教师能细心研读我们的报告，能采纳这些报告里分析文篇提示问题的态度和方法，应用在别的文篇的精读指导里，我们的目的便达到了。

六　本书各篇，我们虽都谨慎的用心的写出，但恐怕还有见不到的错误。盼望各位教师多多指教，非常感谢！

前言

在指导以前,先得令学生预习。预习原很通行,但是要收到实效,方法必须切实,考查必须认真。现在请把学生应做的预习工作分项说明于下。

一　通读全文

理想的办法,最好国文教本有两种本子:一种是不分段落,不加标点的,供给学生预习时候用;一种是分段落,加标点的,待预习过后才拿出来对勘。这当然办不到。可是,不用现成教本而用油印教材的,那就方便得多。印发的教材不给分段落,也不给加标点,令学生在预习时候自己用铅笔去划分段落,加上标点。到上课时候,由教师或几个学生通读全文,全班学生静听

着，各把自己预习的成绩来对勘；如果自己有错误，就用墨笔订正。这样，一份油印本就有了两种本子的功用了。现在的书籍报志都分段落，加标点，这从著者方面说，在表达的明确上很有帮助；从读者方面说，阅读起来可以便捷不少。可是，在练习精读的时候，这样的本子反而把学者的注意力减轻了。既已分了段落，加了标点在那里，就随便看下去，不再问为什么要这样分，这样点，这是人之常情。在这常情里，却正错过了很重要的练习机会。若要不放过这个机会，惟有令学者就一种一贯到底只有文字的本子去预习，在怎样分、怎样点上用一番心思。预习的成绩当然不免有错误，然而不足为病。除了错误以外，凡是不错误的地方都是细心咬嚼过来的；这对于学者将是终身的受用。

假如用的是现成教本，或者虽用油印教材，而觉得一贯到底只印文字颇有不便之处，那就只得退一步设法，令学生在预习的时候，对于分段点句作一番考核的工夫。为什么在这里而不在那里分段呢？为什么这里该用读号而那里该用句号呢？为什么这一句该用惊叹号而不该用疑问号呢？这些问题，必须自求解答，说得出个所以然来。还有，现成教本是编辑员的产品，油印教材大都经教师加了工，"智者千虑，必有一失"，岂能完全没有错误？所以，不妨再令学生注意，不必绝对信赖教本与教材的印刷格式；最要紧的是用自己的眼光通读下去，看是不是应该这样分段，这样点句。

要考查这一项预习的成绩怎样，自然得在上课时候指名通读。全班学生也可以借此对勘，订正自己的错误。读法通常当分为两种：一种是吟诵，又称为美读；一种是宣读，又可叫做论理的读法。无论文言白话，都可以用这两种读法来读。对于文言，各地方人有他们的吟诵的声调，彼此并不一致；但总之在传出文字的情趣，畅发读者的感兴。白话一样可以吟诵，大致与话剧演员念台词差不多，按照国语的调子，在抑扬顿挫、表情传神方面多

多用工夫,使听者移情动容。现在有些小学校里吟诵白话与吟诵文言差不多,那是把"读"字呆看了。吟诵白话必须按照国语的调子,运用国语的调子十足到家,才是最好的白话的吟诵。为避免误会起见,白话的吟诵不妨改称为"说",比通常说国语更为精粹的"说"。至于宣读,只是依据着对于文字的理解,平正读下去,用连贯与间歇表示出句子的组织与前句和后句的分界来。集会时候读"总理遗嘱",便是宣读的例子。这两种读法,宣读是基本的一种;必须理解在先,然后才谈得到传出情趣与畅发感兴。并且,要考查学者对于文字理解与否,听他的宣读是最方便的一法。譬如《泷冈阡表》的第一句,假如宣读作:"呜呼!惟我皇——考崇公卜——吉于泷冈——之六十年,其子修始——克表于其阡,非——敢缓也,盖有待也。"这就显然可以察出,读者对于"皇考"、"崇公"、"卜吉"、"六十年"与"卜吉于泷冈"的关系,"始"字、"克"字、"表"字及"非"字、"敢"字、"缓"字缀合在一起的作用,都没有理解。所以,上课时候指名通读,该令用宣读法。

二 认识生字生语

通读全文,在知道文字的大概;可是要能够通读下去没有错误,非同时把每一个生字生语弄清楚了不可。在一篇文字里,各人所认为生字生语的未必一致,只有各自选剔出来,倚赖字典、辞典的翻检,得到相当的认识。这里所谓认识,该把它解作最广义。仅仅知道生字生语的读音与解释,还不能算充分认识;必须熟习它的用例,知道它在某一种场合才可以用,用在另一种场合就不对了,这才真个认识了。说到字典、辞典,我们真惭愧,国文教学的被重视至少有二十年了,可是还没有一本适合学生使用的字典、辞典出

世。现在所有的,字典脱不了《康熙字典》的窠臼,辞典还是《辞源》称霸,都与学习国文的学生不很相宜。通常英文字典有所谓"求解"、"作文"两用的,学习国文的学生所需要的国文字典、辞典也正是这一类。一方面知道了解释,另一方面更知道该怎么使用,这才使翻检者对于生字生语具有彻底的认识。没有这样的字典、辞典,学生做起预习工作来,效率就不会很大。但是,使用破烂的工具总比不使用工具好一点;目前既没有更适用的,就只得把属于《康熙字典》系统的字典与称霸当世的《辞源》将就应用。这当儿,教师不得不多费一点心思,指导学生搜集用例,或者搜集了若干用例给学生,使学生自己去发见生字生语的正当用法。

学生做预习工作,通行写笔记,而生字生语的解释,往往在笔记里占大部分篇幅。这原是好事情,记录下来,印象自然深一层,并且可以备往后的查考。但是,学生也有不明白写笔记的用意的;他们以为教师要他们交笔记,所以不得不写笔记。于是,有胡乱抄了几条字典、辞典的解释就此了事的;有遗漏了真该特别注意的字语而仅就寻常字语解释一下拿来充数的。前者胡乱抄录,未必就是那个字语在本文里的确切意义;后者随意选剔,把应该注意的反而放过了;这对于全文的理解都没有什么帮助。这样的笔记实在没有意思;交到教师手里,教师辛辛苦苦地把它看过,更提起笔来替它订正,实际上对于学生却没有多大益处,因为学生并没有真预习。所以,关于生字生语,须在平时使学生养成一种观念与习惯,就是:必须把本文作依据,寻求那个字语的确切意义;又必须把与本文相类和不相类的若干例子作依据,发见那个字语的正当用法。至于生字生语的选剔,为防学生自己去做或许会有遗漏起见,不妨由教师先行尽量提示,指明这一些字语是必须弄清楚的。这样,学生做预习工作才不至于是徒劳,写下来的笔记也不至于是循例的具文。

　　要考查学生对于生字生语的认识程度怎样，可以看他的笔记，也可以听他的口头回答。譬如《泷冈阡表》第一句里"始克表于其阡"的"克"字，如果解作"克服"或"克制"，那显然是没有照顾本文，随便从字典里取了一个解释。如果解作"能够"，那就与本文切合了，可见是用了一些心思的。但还得进一步研求："克"字既然作"能够"解，"始克表于其阡"可不可以写作"始能表于其阡"呢？对于这个问题，如果仅凭直觉回答说，"意思也一样，不过有点不顺适"，那是不够的。这须得去搜集"克"字的用例，于是找到《尚书》里的"克明俊德"，"先王克谨天戒，臣人克有常宪"，"不克畏死"，"不克开于民之丽"，《诗经》里的"克咸厥功"，"克壮其犹"，"克配上帝"等语。再搜集"能"字的用例，于是找到《尚书》里的"能官人"，"能事鬼神"，《诗经》里的"能不我甲"，"能不我知"，《左传》里的"能用善人"，"能歆神人"，"能无从乎"，"能无贰乎"，"不能及子孙"，"不能事父兄"等语。从这些古代语句看来，可以知道"克"字与"能"字用法是一样的，只有在"能不我甲"，"能无从乎"一类的句式里，不能把"能"字换"克"字，作"克不我甲"，"克无从乎"。但是后来渐渐分化了，"能"字被认为常用字，直到如今；"克"字却成为古字，在通常表示"能够"意义的场合上就不大用它。这正同"其"字与"厥"字，"且"字、"宁"字与"愍"字的情形相仿，"其"字、"且"字、"宁"字至今还是常用字，"厥"字、"愍"字却是不常用的古字了。在文句里面，丢开常用字不用，而特地用那同样的古字，这除了表示相当意义以外，往往还带着郑重、庄严、虔敬等等情味。如说"善保厥躬"、"愍固我疆"与"善保其躬"、"且固我疆"，情味上自有不同。"始克表于其阡"一语，用了"能"字的同义古字"克"字，见得作者对于"表于其阡"的事情看得非常郑重，不敢随随便便着手，这正与全文的情味相应。若作"始能表于其阡"，就没有那种情味，仅仅表明"方始能够""表于其阡"而已；所以直觉地看，也辨得出它有点不顺适了。再看这

7

一篇里,用"能"字的地方很不少,如"吾何恃而能自守邪","然知汝父之能养也","吾不能知汝之必有立","故能详也","吾儿不能苟合于世","汝能安之"。这几个"能"字都不妨换作"克"字,但作者不用"克"字,因为这些语句都是传述母语,无须带有郑重、庄严、虔敬等等情味;并且,用那常用的"能"字,正切近于语言的自然。用这一层来反证,更可以见得"始克表于其阡"的"克"字,如前面所说,为着它有特别作用才用的了。——像这样的讨究,学生预习时候未必人人都做得来;教师在上课时候说给他们听,也嫌烦琐一点。但简单扼要地告诉他们,使他们心知其故,那是必须的。

学生认识生字生语,往往有模糊侊侗的毛病,用成语来说,就是"不求甚解"。曾见作文本上有"笑颜逐开"四字,这显然是没有弄清楚"笑逐颜开"究竟是什么意义,只知道在说到欢笑的地方仿佛有这么四个字可以用,结果却把"逐颜"两字写颠倒了。又曾见"万巷空卷"四字,单看这四个字,谁也猜不出是什么意义;但是连着上下文一起看,就知道原来是"万人空巷"——把"人"字忘记了,不得不找一个字来凑数,而"卷"字与"巷"字字形相近,因"巷"字想到"卷"字,就写上了"卷"字。这种错误,全由于当初认识的时候太疏忽了;意义不曾辨明,语序不曾念熟,怎得不闹笑话?所以令学生预习,必须使他们不犯模糊侊侗的毛病;像初见一个生人一样,一见面就得看清他的形貌,并且察知他的性情。这样成为习惯,然后每认识一个生字生语,好像积钱似的,多积一个总是增加财富的总量。

三　解答教师所提示的问题

一篇文字,可以从不同的观点去研究它。如作者意念发展的线索,文字

后面的时代背景,技术方面布置与剪裁的匠心,客观上的优点与疵病,这些就是所谓不同的观点。对于每一个观点,都可以提出问题,令学生在预习的时候寻求解答。如果学生能够解答得大致不错,那就真个做到了"精读"两字了——"精读"的"读"字原不是仅指"吟诵"与"宣读"而言的。比较艰深或枝节的问题,估计起来不是学生所必须知道的,当然不必提出。但是,学生应该知道而未必能自行解答的,却不妨预先提出,让他们去动一动天君,查一查可能查到的参考书。他们经过了自己的一番摸索,或者是略有解悟,或者是不得要领,或者是全盘错误,这当儿再来听教师的指导,印入与理解的程度一定比较深切,最坏的情形是指导者与领受者彼此不相应,指导者只认领受者是一个空袋子,不问情由把一些叫做知识的东西装进去。空袋子里装东西进去,还可以容受;完全不接头的头脑里装知识进去,能不能容受却是说不定的。

这一项预习的成绩,自然也得写成笔记,以便上课讨论时候有所依据,往后更可以覆按、查考。但是,笔记有敷衍了事的与精心结撰的分别。随便从本文里摘出一句或几句话来,就算是"全文大意"与"段落大意";不赅不备列几个项目,挂几条线,就算是"表解";没有说明,仅仅抄录几行文字,就算是"摘录佳句";这就是敷衍了事的笔记。这种笔记,即使每读一篇文字都做,做上三年六年,实际上还是没有什么好处。所以说,要学生作笔记自然是好的,但仅仅交得出一本笔记或许只是形式上的事情,要希望收到实效,不得不督促学生凡作笔记务须精心结撰。所谓精心结撰也不须求其过高过深,只要写下来的东西真是他们自己参考与思索得来的结果,就好了。参考要有路径,思索要有方法,这不单是知识方面的问题,而且是习惯方面的问题。习惯的养成在教师的训练与指导。大概学生拿了一篇文字来预习,往往觉得茫然无从下手。教师要训练他们去参考,指导他们去思索,最好给他

们一种具体的提示。譬如读《泷冈阡表》，这一篇是作者叙述他的父亲，就可以教他们取相类的文字归有光的《先妣事略》来参考，看两篇的取材与立意上有没有异同；如果有的话，为什么有。又如《泷冈阡表》里有叙述赠封三代的一段文字，好像很噜苏，就可以教他们从全篇的立意上思索，看这一段文字是不是不可少的；如果不可少的话，为什么不可少。这样具体地给他们提示，他们就不至于茫然无从下手，多少总会得到一点成绩。时时这样具体地给他们提示，他们参考与思索的习惯渐渐养成，写下来的笔记再不会是敷衍了事的了。即使所得的解答完全错误，但在这以后听教师或同学的纠正，一定更容易心领神会了。

上课时候令学生讨论，由教师做主席、评判人与订正人，这是很通行的办法。但是讨论要进行得有意义，第一要学生在预习的时候准备得充分，如果准备得不充分，往往会与虚应故事的集会一样，或是等了好久没有一个人开口，或是有人开口了却只说一些不关痛痒的话。教师在无可奈何的情形之下，只得不再要学生发表什么，就此一个人滔滔汩汩地讲下去。这就完全不合讨论的宗旨了。第二还得在平时养成学生讨论问题、发表意见的习惯。听取人家的话，评判人家的话，用不多不少的话表白自己的意见，用平心静气的态度比勘自己的与人家的意见，这些都要历练的。如果没有历练，虽然胸中仿佛有一点准备，临到讨论时候是不一定敢于发表的。这种习惯的养成不仅是国文教师的事情，所有教师都得负责。不然，学生成为但能听讲的被动人物，任何功课的进步至少要减少一半。——学生事前既有充分的准备，平时又有讨论的习惯，临到讨论时候才会人人发表意见，没有老是某几个人开口的现象。所发表的意见又都切合着问题，没有胡扯乱说，全不着拍的现象。这样的讨论情形，在实际的国文教室里似乎还不易见到；然而要做到名副其实的讨论，却非实现这样的情形不可。

讨论进行的当儿,有错误给与纠正,有疏漏给与补充,有疑难给与阐明,虽说全班学生都有份儿,但最后的责任还在教师方面。教师自当抱着客观的态度,就国文教学应有的观点说话。如现在已经规定要读白话,却说白话淡而无味,没有读它的必要;或者教师自己偏爱某一体文字,却说除了某一体文字,其馀都不值一读;都就未免偏于主观,违背了国文教学应有的观点了。讲说起来,滔滔汩汩连续到三十五十分钟,往往不及简单扼要说这么五分十分钟容易使学生印入得深切。即使教材特别繁复,非滔滔汩汩连续到三十五十分钟不可,也得在发挥完毕的时候,给学生一个简明的提要。学生凭这个提要,再去回味那冗长的讲说,就好像有了一条索子,把散开的钱都穿起来了。这种简明的提要,当然要使学生写在笔记簿上;但尤其重要的是写在他们心上,而且要教它永不磨灭。

课内指导之后,为求涵咀得深,研讨得熟,不能就此交代过去算数,还得有几项事情要做。现在请把学生应做的练习工作分项说明如下。

(一)吟诵

在教室内开始通读,该令用宣读法,前面已经说过。但在把一篇文字讨究完毕以后,学生对于文字的细微曲折之处都弄清楚了,就不妨指名吟诵。或者先由教师吟诵,再令学生仿读。在自修的时候,尤其应该吟诵;只要声音低一点,不妨碍他人的自修。原来国文和英文一样,是语文学科,不该只用心与眼来学习;须在心与眼之外,加用口与耳才好。吟诵就是心、眼、口、耳并用的一种学习方法。从前人读书,多数不注重内容与理法的讨究,单在吟诵上用工夫。这自然不是好办法。现在国文教学,在内容与理法的讨究上比从前注重多了;可是学生吟诵的工夫太少,多数只是看看而已。这又是

偏向了一面，丢开了一面。惟有不忽略讨究，也不忽略吟诵，那才全而不偏。吟诵的时候，对于讨究所得的不仅理智地了解，而且亲切地体会，不知不觉之间，内容与理法化而为读者自己的东西了。这是最可贵的一种境界。学习语文学科，必须达到这种境界，才会终身受用不尽。

　　一般的见解，往往以为文言可以吟诵，白话就没有吟诵的必要。这是不对的。只要看戏剧学校与认真演习的话剧团体，他们练习一句台词，不惜反覆订正，再四念诵，就可以知道白话的吟诵也大有讲究（白话的吟诵就是比通常说国语更为精粹的"说"，前面已经说过了）。多数学生所写的白话，为什么看起来还过得去，读起来就少有生气呢？原因就在他们对于白话仅用了心与眼，而没有在口与耳方面多用工夫。多数学生登台演说，为什么有时意思还不错，可是语句往往杂乱无次，语调往往不合格式呢？原因就在平时对于语言既没有训练，国文课内对于白话又没有好好儿吟诵。所以这里要特别提明，白话是与文言一样需要吟诵的。白话与文言都是语文，要亲切的体会白话与文言的种种方面，必须花一番工夫去吟诵白话与文言。

　　吟诵的声调，虽说各地方人未必一致，却也有客观的规律。声调的差别，不外乎高低、强弱、缓急三类。高低是从声带的张弛而来的分别。强弱是从肺部发出空气的多少而来的分别。缓急是声音与时间的关系，在一段时间内，发音数少是缓，发音数多就是急了。吟诵一篇文字，无非依据了对于文字的了解与体会，错综地使用这三类声调而已。大概文句之中的特别主眼，或是前后的词彼此相关联照应的，发声都得高一点。就一句来说，如意义未完的文句，命令或绝叫的文句，疑问或惊讶的文句，都得前低后高。意义完足的文句，祈求或感激的文句，插入"何"、"什么"一类疑问词的疑问的文句，都得前高后低。再说强弱。表示悲壮、快活、叱责或慷慨的文句，句

的头部宜加强。表示不平、热诚或确信的文句,句的尾部宜加强。表示庄重、满足或优美的文句,句的中部宜加强。再说缓急。含有庄重、畏敬、谨慎、沉郁、悲哀、仁慈、疑惑等等情味的文句,须得缓读。含有快活、确信、愤怒、惊愕、恐怖、怨恨等等情味的文句,须得急读。以上这些规律,都应合着文字所表达的意义与情感,所以依照规律吟诵,最合于语言的自然。关于上面所说的三类声调,可以用符号来表示,如把"·"作为这个字发声须高一点的符号,把"△"作为这一句该前低后高的符号,把"▽"作为这一句该前高后低的符号,把"Ⅴ"作为句的头部宜加强的符号,把"Λ"作为句的尾部宜加强的符号,把"◇"作为句的中部宜加强的符号,把"—"作为急读的符号,把"——"作为缓读的符号,把"﹏﹏"作为不但缓读而且须摇曳生姿的符号。在文字上记上符号,练习吟诵就不至于漫无凭依。符号当然可以随意规定,多少也没有限制,但应用符号总之于教学上很有帮助的。

吟诵第一求其合于规律,第二求其通体纯熟。从前书塾里读书,学生为欲早一点到教师跟前去背诵,往往把字句勉强记住。这样强记的办法是要不得的,不久之后连字句都忘记了,还哪里说得上体会? 令学生吟诵,要使他们看作一种享受而不看作一种负担。一遍比一遍读来入调,一遍比一遍体会得亲切,并不希望早一点能够背诵,而自然达到纯熟的境界:抱着这样享受的态度是最容易得益的途径。

(二) 参读相关的文字

精读文字,每学年至多不过六七十篇。初中三年,所读仅有两百篇光景,再加上高中三年,也只有四百篇罢了。倘若死守住这几百篇文字,不用旁的文字来比勘、印证,就难免化不开来与知其一不知其二的弊病。所以,

精读文字,只能把它认作例子与出发点;既已熟习了例子,占定了出发点,就得推广开来,阅读略读书籍,参读相关文字。这里不谈略读书籍,单说所谓相关文字。譬如读了某一体文字,而某一体文字很多,手法未必一样,大同之中不能没有小异;必须多多接触,方能普遍领会某一体文字的各方面。又或者手法相同,而相同之中不能没有个优劣得失;必须多多比较,方能进一步领会优劣得失的所以然。并且,课内精读文字是用细磨细琢的工夫来研讨的;而阅读的练习,不但求其理解明确,还须求其下手敏捷,老是这样细磨细琢,一篇文字研讨到三四个钟头是不行的。参读相关文字就可以在敏捷上历练;能够花一两个钟头把一篇文字弄清楚固然好,更敏捷一点只花半个一个钟头尤其好。文字既与精读文字相关,怎样剖析、怎样处理,已经在课内受到了训练,阅读求其敏捷当然是可能的。这种相关文字可以从古今来"类选"、"类纂"一类的书本里去找。学生不能自己置备,学校的图书室不妨多多陈列,供给学生随时参读。

请再说另一种意义的相关文字。夏丏尊先生在一篇说给中学生听的题目叫做《阅读什么》的演讲辞里,曾经有以下的话:

> 诸君在国文教科书里读到了一篇陶潜的《桃花源记》……这篇文字是晋朝人做的,如果诸君觉得和别时代人所写的情味有些两样,要想知道晋代文的情形,就会去翻《中国文学史》;这时文学史就成了诸君的参考书。这篇文字里所写的是一种乌托邦思想,诸君平日因了师友的指教,知道英国有一位名叫马列斯的社会思想家,写过一本《理想乡消息》,和陶潜所写的性质相近,拿来比较;这时《理想乡消息》就成了诸君的参考书。这篇文字是属于记叙一类的,诸君如果想明白记叙文的格式,去翻看《记叙文作法》;这时《记叙文作法》就成了诸君的参考书。还

有,这篇文字的作者叫陶潜,诸君如果想知道他的为人,去翻《晋书·陶潜传》或陶集;这时《晋书》或陶集就成了诸君的参考书。

这一段演讲辞里的参考书就是这里所谓另一种意义的相关文字。像这样把精读文字作为出发点,向四面八方发展开来,那么,精读了一篇文字,就可以带读许多书,知解与领会的范围将扩张到多么大呢? 学问家的广博与精深差不多都从这个途径得来;中学生虽不一定要成学问家,但有利的途径总该让他们去走的。

其次,关于声调与语文法的揣摩,都是愈熟愈好。精读文字既已到了纯熟的地步,再取声调与语文法相类似的文字来阅读,纯熟的程度自然更进一步。小孩子学说话,能够渐渐纯熟而没有错误,不单是从父母方面学来的;他从所有接触的人方面去学习,才会成功。在精读文字以外,再令读一些相类似的文字,比之于小孩子学说话,就是要他们从所有接触的人方面去学习。

(三) 应对教师的考问

学生应对考问是很通常的事情,但对于应对考问的态度,学生未必一致。有尽其所知所能认认真真地应对的;有不负责任,敷敷衍衍地应对了完事的;有提心吊胆战战兢兢地只着眼于分数的多少的。以上几种态度,自然第一种最可取。把所知所能尽量拿出来,教师就有了确实的凭据,知道哪一方面已经可以了,哪一方面还得加以督促。考问之后,教师按成绩记下分数,原是备稽考用的;分数多不是奖励,分数少也不是惩罚,可是少到不及格的时候,那就是学习成绩太差,非赶紧努力不可。这一层,学生必须明白认

识。否则误认努力学习只是为了分数，把切己的事情看作身外的事情，就是根本观念错误了。教师记下了分数，当然不是指导的终结，而是加工的开始。对于几个不及格的学生，尤须个别设法，给他们相当的帮助。分数少一点本没有什么要紧；但分数少正表明学习成绩差，这是热诚的教师所放心不下的。

考问的方法很多，如背诵、默写、简缩、扩大、摘举大意、分段述要、说明做法、述说印象，也举不尽许多。这里不想逐项逐项地细说，只说一个消极的原则，就是：不足以看出学生学习成绩的考问方法最好不要用。譬如教了《泷冈阡表》之后，却考问学生说："欧阳修的父亲做过什么官？"这就是个不很有意义的考问。文字里明明写着"为道州判官，泗绵二州推官，又为泰州判官"，学生精读了一阵，连这一点也不记得，还说得上"精读"吗？学生回答得出这样的问题，也无从看出他的学习成绩好到怎样。所以说它不很有意义。

考问往往在精读一篇文字完毕或者月考、期考的时候举行；除此之外，通常不再顾及，一篇文字讨究完毕就交代过去了。这似乎不很妥当。从前书塾里读书，既要知新，又要温故，在学习的过程中，匀出一段时间来温理以前读过的，这是个很好的办法。现在教学国文，应该采取它。在精读几篇文字之后，且不要上新的；把以前读过的温理一下，回味那已有的了解与体会，更寻求那新生的了解与体会，效益绝不会比上一篇新的来得少。这一点很值得注意，所以附带在这里说一说。

泷冈阡表

欧阳修

❶呜呼！惟我皇考崇公卜吉于泷冈之六十年，其子修始克表于其阡；非敢缓也，盖有待也。

❷修不幸，生四岁而孤。太夫人守节自誓，居穷，自力于衣食，以长以教，俾至于成人。太夫人告之曰："汝父为吏，廉而好施与，喜宾客；其俸禄虽薄，常不使有馀，曰：'毋以是为我累。'故其亡也，无一瓦之覆，一垄之植，以庇而为生。吾何恃而能自守邪？吾于汝父，知其一二，以有待于汝也。自吾为汝家妇，不及事吾姑，然知汝父之能养也。汝孤而幼，吾不能知汝之必有立，然知汝父之必将有后也。吾之始归也，汝父免于母丧方逾年，岁时祭祀，则必涕泣曰：'祭而丰，不如养之薄也！'间御酒食，则又涕泣曰：'昔常不足而今有馀，其

17

何及也！'吾始一二见之，以为新免于丧适然耳；既而其后常然；至其终身，未尝不然。吾虽不及事姑，而以此知汝父之能养也。汝父为吏，尝夜烛治官书，屡废而叹。吾问之，则曰：'此死狱也，我求其生不得尔！'吾曰：'生可求乎？'曰：'求其生而不得，则死者与我皆无恨也。矧求而有得邪！以其有得，则知不求而死者有恨也。夫常求其生，犹失之死，而世常求其死也！'回顾乳者剑汝而立于旁，因指而叹曰：'术者谓我岁行在戌将死；使其言然，吾不及见儿之立也。后当以我语告之。'其平居教他子弟常用此语，吾耳熟焉，故能详也。其施于外事，吾不能知。其居于家，无所矜饰，而所为如此。是真发于中者邪！呜呼！其心厚于仁者邪！此吾知汝父之必将有后也。汝其勉之！夫养不必丰，要于孝；利虽不得博于物，要其心之厚于仁。吾不能教汝，此汝父之志也。"修泣而志之，不敢忘。

❸先父少孤力学；咸平三年进士及第，为道州判官，泗绵二州推官，又为泰州判官。享年五十有九。葬沙溪之泷冈。

❹太夫人姓郑氏，考讳德仪，世为江南名族。太夫人恭俭仁爱而有礼，初封福昌县太君，进封乐安、安康、彭城三郡太君，自其家少微时，治其家以俭约，其后常不使过之。曰："吾儿不能苟合于世，俭薄，所以居患难也。"其后修贬夷陵，太夫人言笑自若，曰："汝家故贫贱也，吾处之有素矣。汝能安之，吾亦安矣。"自先公之亡二十年，修始得禄而养。又十有二年，列官于朝，始得赠封其亲。又十年，修为龙图阁直学士尚书吏部郎中，留守南京，太夫人以疾终于官舍，享年七十有二。

❺又八年，修以非才入副枢密，遂参政事。又七年而罢。自登二府，天子推恩褒其三世。故自嘉祐以来，逢国大庆，必加宠锡：皇曾祖府君累赠金紫光禄大夫太师中书令，曾祖妣累封楚国太夫人；皇祖府君累赠金紫光禄大夫太师中书令兼尚书令，祖妣累封吴国太夫人；皇考崇公累赠金紫光禄大夫

太师中书令兼尚书令,皇妣累封越国太夫人。今上初郊,皇考赐爵为崇国公,太夫人进号魏国。

❻于是小子修泣而言曰:"呜呼!为善无不报,而迟速有时,此理之常也。惟我祖考积善成德,宜享其隆,虽不克有于其躬,而赐爵受封,显荣褒大,实有三朝之锡命:是足以表见于后世而庇赖其子孙矣。"乃列其世谱,具刻于碑;既又载我皇考崇公之遗训,太夫人之所以教人而有待于修者,并揭于阡;俾知夫小子修之德薄能鲜,遭时窃位,而幸全大节,不辱其先者,其来有自。

❼熙宁三年,岁次庚戌四月辛酉朔,十有五日乙亥,男推诚保德崇仁翊戴功臣,观文殿学士特进行兵部尚书,知青州军州事兼管内劝农使,充京东东路安抚使,上柱国乐安郡开国公,食邑四千三百户,食实封一千二百户修表。

指导大概

这篇文字,通体只有一条线索,就是一个"待"字。为什么直到父亲葬了六十年,才给他作墓表呢?因为有所等待。为什么要等待?因为作者的母亲说过"有待于汝"的话。母亲的"有待于汝"不是漫无凭依的空希望,她根据着父亲的孝行与仁心,知道这样的人该会有好儿子,能够具有同样的孝行与仁心,并且能够显荣他的父母祖先——就是所谓"有后"。在父亲下葬的那年,作者才只有四岁,当然不能作墓表。后来长大起来,而且"食禄"了,"列官于朝"了,他还是不作,因为母亲所等待的还没有确切的着落;直到"天子推恩褒其三世",三代都受了皇帝的赠封,作者觉得"是足以表见于后世而庇赖其子孙矣",换一句说,母亲所等待的有了确切的着落了,他才动手作墓表。他以为"天子推恩褒其三世"是自己"幸全大节"的凭证,而自己所以能

19

够"幸全大节"是由于不负母亲的等待,也就是不背父亲的遗训,总之是所谓"不辱其先",真成了个好儿子。这并不是夸张自己,只是见得父亲具有孝行与仁心而果真"有后",果真有好儿子,乃是"为善无不报"的"理之常"。要表扬父亲,还有比这个更值得叙述的吗?所以必须等待到这时候才来作墓表。——作者的意念是依着这样一条线索发展的。

意念发展的线索既已成立,同时就把取材的范围也规定了。这一篇文字属于碑志类,所谓碑志类,是就它刊刻的方式而言,实际上也就是传记。传记叙述一个人的生平有牵涉得很广的,为什么这一篇仅叙父亲的孝行与仁心两端呢?还有,作者在四岁时候,父亲就去世了,对于父亲的生平,当然只能间接地从母亲方面得知;但是母亲对于父亲的生平,平日一定琐琐屑屑讲得很多,为什么这一篇仅叙母亲讲到父亲的孝行与仁心的一番话呢?原来作者认为孝行与仁心是父亲的两大"善",只此两端,就足以表见父亲的全貌。他在文字的第六段里有"俾知夫小子修……"的话,所谓"俾知",使什么人知道呢?不是要使子孙与世人知道吗?要使子孙与世人知道什么?不是说父亲的两大"善"影响了他,果然使他"幸全大节,不辱其先",可见这两大"善"是人生的至宝吗?这就使这篇文字在叙述以外,自然而然带着教训意味。大凡含有教训意味的文字,是排斥那没有教训意味的成分的;所以这一篇仅叙父亲的孝行与仁心两端。并且,作者受父亲的影响,是从母亲特别把父亲的两大"善"教训他而来的;惟有把母亲当时的教训摹声传神地叙述下来,才见得他的受影响为什么会这么深切。这好像是写母亲,其实正是出力地具体地写父亲。若再加上母亲平日琐琐屑屑讲到父亲生平的旁的话,那就使这一番话比较不显著,把它的力量减弱了;所以这一篇仅叙母亲讲到父亲的孝行与仁心的一番话。——以上是说取材的范围受着意念发展的线索的限制。

不只第二段的取材如上面所说，再看第四段里叙述母亲"治其家以俭约"；当作者贬谪的时候，母亲说过"汝能安之，吾亦安矣"的话；这都与第二段里所叙父亲的话"毋以是为我累"相应合，见得母亲是真能够体验父亲的志概，本着父亲的志概训练儿子的。写母亲也就是写父亲，所以这些材料要取。再看第五段，说了"天子推恩褒其三世"，以下就直接第七段的"于是小子修泣而言曰"，似乎也没有什么不可以。但是"天子推恩褒其三世"是作者"幸全大节"的凭证，如果就此一笔叙过，未免把这种凭证看得太不郑重了，把朝廷的宠锡看得太不恭敬了；所以要把三代所受的赠封逐一记下来，以表郑重与恭敬。可见这一段关于三代受赠封的文字，也是从作者意念发展的线索而来的。

自来传记文字很多，作者意念发展的线索不同，取材范围也就不一样。如归有光的《先妣事略》，是从一种"孺慕"的意念发展开来的；所以只取日常琐屑作材料，使全篇带着抒情的情调，而没有什么教训意味。欧阳修这一篇的第二段虽然纡徐曲折，摹声传神，也像是抒情的文字，但他把这一段作为全篇的主要材料，是着眼于它的教训意味的；所以这一段与其他各段统看，就不觉得什么抒情的情调，只觉得作者在那里向人说教。欧阳修是上承唐朝的韩愈而提倡古文的；他占很高的官位，有许多文人做他的门人，受他的提拔，他是当时文坛的盟主。韩愈开始以文字为教，主张为文须得传尧舜禹汤文武周公孔孟之道，也就是汉朝以来我国的传统伦理观念。欧阳修当然也作这样想。在寻常的题目之下，如一篇游记一篇短序之类，自然不妨随便一点；但现在遇到的却是个非常严重的题目——要叙述自己的父亲。以文坛盟主的资格，作这样非常严重的题目，若作来没有"传道"的作用，岂不是自己取消自己的主张？于是他抓住父亲的孝行与仁心两端，以为全篇的主要材料，因为"孝"与"仁"正是我国最重要的传统伦理观念。他又把母亲预

料父亲"有后",到后来果真"有后",可见"为善无不报",作为全篇的线索,这"为善无不报"也正是我国的传统伦理观念。既叙述了父亲,又有了"传道"的作用,从欧阳修当时的观点与立场着想,没有比这样下笔再得体的了。看一篇文字,要知道作者的观点与立场,要知道他处在怎样的一种思想环境与现实环境之中,才会得到客观的理解。倘若不能抱这样的态度,只凭读者自己的主观见解去评判,那就难以理解得透切。如说这一篇第五段历记三代所受的赠封,夸耀虚饰的荣显,酸味十足;又说第六段表明为善果真有报,近于一种迷信的因果论,与无知的积善老婆婆的见解不相上下;这就是凭现代的人的主观见解去评判古人的文字了。这样评判固然也是一种研讨,但对于作者为什么要这样取材,这样下笔,并没有得到理解却是真的。

现在请把各段的大意与作用来说一说。第一段从作表延迟说起,标出"待"字。第二段说明"待"字的来由在母亲"有待于汝"的话;而母亲这个话是有根有据的,那根据在父亲的孝行与仁心。于是叙述母亲所讲关于父亲的孝行与仁心的一番话,也就安排了本篇的主要材料。第三段记父亲的官职、年岁与葬地,是传记一类文字的格式。到这里,叙述父亲的生平的部分完毕了。第四段叙母亲,而着眼于母亲能够体验父亲的志概,能够随时本着父亲的志概训练儿子,可以说是从旁面叙父亲。这段里因为叙"得禄而养"母亲,用了"自先公之亡二十年"作为时间副语;以下就顺次下去,连用"又十有二年","又十年",来表明自己进官与母亲去世的时间。第五段开头用"又八年",紧接上段,而叙的是自己"登二府",三代受赠封的事情,这表明母亲所谓"有待于汝"的有了着落了。于是来了第六段,见得这才是可以作墓表的时候了。作墓表不但记叙一个人的生平而已,更得使子孙与世人得到一种教训,才有意义;所以先前不作,直到这个时候才作。第七段记作表的年月与作表当时自己的赐号、官职、封爵、禄秩及名字,也是传记一类文字的

格式。

第二段所叙母亲的一番话最长，也最关紧要。这一番话又可以分为六节。从"汝父为吏"到"以有待于汝也"是一节，说明她处在寡居穷困的境地"而能自守"，只因她对于父亲知道一二，有待于她的儿子。以下到"然知汝父之能养也"是一节，到"然知汝父之必将有后也"又是一节，这两节就是所谓"知其一二"。从什么方面知道的呢？第四节到"而以此知汝父之能养也"为止，第五节到"此吾知汝父之必将有后也"为止，说明了知道的所以然。末了一节是结论，她说从"汝父之志"看来可见养亲最重要的是孝，待物最重要的是"其心厚于仁"。这里第二节说"能养"，第三节说"必将有后"，第四节承接"能养"说，第五节承接"必将有后"说，第六节用"孝"与"其心厚于仁"双承"能养"与"必将有后"，层次极为清楚整齐。

第三段开头是"先公少孤力学"一语，"少孤"叙他的境遇，"力学"叙他的努力，都只是抽象说法；如果没有这四个字，好像也没有多大关系。可是没有这四个字，开头一语就成"先公咸平三年进士及第"，语气见得急促了。现在用这四个字，语气就见得舒缓；"力学"又与"进士及第"有了照应。并且，"少孤力学"是抽象说法，而第二段母亲口里称述父亲全是具体说法；一面具体，一面抽象，也有错综的趣味。

第四段第二句实在是"太夫人自其家少微时，治其家以俭约"，"恭俭仁爱而有礼，初封福昌县太君，进封乐安、安康、彭城三郡太君"三语是插进去的，作为对于"太夫人"的形容语。所以要把这三语插进去的缘故，第一，与前面所说加用"少孤力学"四字一样；作"太夫人自其家少微时"，嫌其急促，插入这三语，语气就舒缓了。第二，太夫人被封为"福昌县太君，进封乐安、安康、彭城三郡太君"本来在作者"列官于朝"之后，但"始得赠封其亲"一语之下是接不上母亲被封为什么的（若要在这里叙明母亲被封为什么什么，就

得像现在作文一样，把这个话括在括弧里头了，而从前作文是没有这个格式的）。正好前面有个可以安插的地方，所以就把它提到前面去了。

第四段里的"又十年"，指宋仁宗皇祐四年，与以下的"修为龙图阁直学士尚书吏部郎中，留守南京"，都是"太夫人以疾终于官舍"的时间副语，表明作者任这些官职的时候，母亲去世了。若以为作者"为龙图阁直学士尚书吏部郎中，留守南京"，是皇祐四年才开始的事情，那就错了。原来作者除龙图阁直学士，在前此八年（仁宗庆历四年）；落龙图阁直学士，在前此七年（庆历五年）；复龙图阁直学士，在前此三年（皇祐元年）；知应天府，兼南京留守司事，授尚书吏部郎中，在前此二年（皇祐二年）；都不是皇祐四年才开始的。

第六段里"既又载我皇考崇公之遗训，太夫人之所以教而有待于修者"两语，是归结全篇的话，很关重要。全篇的主要目标当然在记载父亲的遗训，但父亲的遗训所以会在作者人生上发生影响，却在母亲本着遗训训练儿子，期待儿子。没有父亲的遗训，母亲将本着什么来训练儿子，这是不可知的。没有母亲的训练，父亲的遗训会不会在作者人生上发生影响，也很难说定。遗训与母亲的训练是二而一的，惟有这两项合并在一起，才能收到真实的效果——就是儿子果真能够"幸全大节，不辱其先"。这里所指出的两语就表明这个二而一。同时也点醒了本篇叙述手法的所以然。原来本篇从母亲的口吻叙述父亲的遗训，又叙述母亲的俭约安贫，无非要表明母亲能够本着遗训训练儿子。所以说，这两语是归结全篇的话。

以上把全篇的取材、布局、照应各方面大略说过了。大概读一篇文字，仅能逐句逐句照字面解释，是不够的；必须在解释字面之后，更从文字以外去体会，才会得到真切意义。现在请把本篇须得加意体会的地方提出来说一说。

第二段母亲的话的第一节里，提起父亲的"毋以是为我累"一语，为什么

"有馀"反而是"累"呢？因为欲求"有馀"，或许会伤"廉"，或许会损害"好施与"的品性，这是对于自身的"累"。"有馀"而传到儿子手里，或许使儿子惯于席丰履厚，不能居患难，安贫贱，这是对于儿子的"累"；对于儿子的"累"也就是自己的"累"。这些"累"都是要不得的，所以说"毋以是为我累"。同节里有"无一瓦之覆，一垅之植"两语，这等于说没有房屋与田地，但比起"无屋舍田亩"来，却具体得多，印象深刻得多。"一瓦"、"一垅"都是最低限度，最低限度的财产也没有，可见穷困真到了极点了。第三节"然知汝父之必将有后也"一语，如果去掉"将"字，作"必有后也"，文意也顺适。但"必有后也"是断定口气，加入"将"字就是期望口气；这里承上文的"有待于汝"，作期望口气尤合于说话当时的神情。

第四节叙述父亲的话，说"祭而丰，不如养之薄也"，又说"昔常不足而今有馀，其何及也"，都从一句简单的话，表出父亲追慕不已的孝思。祭祀是人子的一件大事，固然要求其丰盛；但是，如果不是死后的祭祀而是生前的奉养，即使比较菲薄一点，在人子是何等的快慰呢？在奉养的时候，因为手头"不足"，不得好好儿奉养；现在手头"有馀"了，偏偏又无法奉养，在人子是何等的深恨呢？这两层意思，从这两句简单的话里表达出来，父亲的孝思如何深切也就可想而知了。再看在"御酒食"上头加上一个"间"字，见得所谓"有馀"也是有限得很的，不过比往时稍稍宽裕一点而已。稍稍宽裕一点，就想到不及拿来奉养，那孝思真是没有一刻不在心上的了。同节"至其终身未尝不然"一语，是找足一句的说法。每逢祭祀，每对酒食，总是要涕泣而叹息，这样直到他临死；说他的孝思没有一刻不在心上，还有可以怀疑的吗？死后的追慕尚且如此，那么，生前的奉养虽因"不足"而菲薄一点，但必然纯本于孝思，是不问可知的了。所以本节的末了说"以此知汝父之能养也"。

第五节里母亲问"生可求乎"以下父亲回答的一番话，层次很多，言外还

有意思，必须仔细体会。这一段话开头说"求其生而不得，则死者与我皆无恨也"，并不直接回答说"生"的可求不可求，只是提出一个原则来：法官必须劳费心思替将死的罪犯寻一条生路。即使个个罪犯都寻不到生路，但那一番心思是不得不劳费的；因为惟有这样做，在法官是尽了他的职责，良心上没有什么抱恨；在罪犯是自己犯了实罪，虽死也没有什么抱恨。以下接说"矧求而有得邪"，用的是反问感叹的语气。假定求而总是不得，但为彼此不致抱恨起见，尚且非求不可；现在实际上又"求而有得"，怎么能不求呢？这就回答了"生可求乎"的问语；见得"生"是可求的，而且是非求不可的。以下接说"以其有得，则知不求而死者有恨也"，这是推开来想。从"求而有得"着想，可见偶而疏忽一件案子，也许正冤枉一个罪犯，将使他抱恨而死。那么，做法官的还可以偶而疏忽一件案子吗？以下接说"夫常求其生，犹失之死，而世常求其死也"，这是对于当时一般法官的感慨。"常求其生"指自己说；像自己这样存心，这样审慎，说不定还有考核与判断的错误，因而把不该受死罪的罪犯冤枉处死。而一般法官对于案子只是随便处理，一味疏忽；那不但是不替罪犯寻生路，简直是专把罪犯赶上死路去了。说着这样感慨的话，他自己绝不愿像一般法官那样随便与疏忽，那意思也就表明了。

接着父亲叹息说恐怕见不到儿子的成立，"后当以我语告之"，以下母亲又说"教他子弟常用此语"；这里的"我语"、"此语"不能呆看。"我语"、"此语"该是指前面的话而言，而前面的话是说法官必须尽心替罪犯寻生路，以求彼此无恨；难道父亲料定儿子与"他子弟"将来都要做法官吗？这就是呆看了。原来"我语"、"此语"是指像前面的话那样的存心而言；儿子与"他子弟"将来固然不一定做法官，但那样的存心是无论做什么都必要的，所以说"后当以我语告之"，所以"教他子弟常用此语"。以下母亲赞叹父亲，用推进一层的说法，先说"其施于外事，吾不能知"；这不但按照实际情形说，他自己

处在家里，不能知道父亲在外面的情形；同时还表出一种料想，也许父亲在外面，更有许多教人感服的事情，只是她不能知道，故而也无从说起了。在外面做事而能教人感服，也许还有点"矜饰"的意味，并不完全出于自然；于是推进一层说，在家里是绝对用不到"矜饰"的，而父亲能那样地认真尽责，可见他的存心是完全出于自然的了。存心完全出于自然，怎么就归结到"此吾知汝父之必将有后也"呢？中间好像缺少了一座过渡的桥梁。原来过渡的桥梁就是"为善无不报"；这"为善无不报"是"理之常"，人人所有的信念，不烦言而可知，所以把它省略了。

第六节开头说"汝其勉之"，明明是教训语，以下却又说"吾不能教汝"，而用"此汝父之志也"来结束；见得所谓"养不必丰，要于孝，利虽不得博于物，要其心之厚于仁"，只是从"知其一二"的父亲的性行上体验出来的一点道理；就为体验出来了这点道理，她才有以教儿子，她才有待于儿子。倘若没有这一节话，以上几节仅仅说明了"汝父之能养"、"汝父之必将有后"，与儿子的关系还浅。现在有了这一节，见得她的教训也就是"汝父之志"，她所谓"有待于汝"，是期待"汝父之志"在儿子的人生上发生优善的影响，这与儿子的关系就深切多了。

第四段叙母亲的话"吾儿不能苟合于世，俭薄所以居患难也"；意思是说"不能苟合"必然常"居患难"，习惯了"俭薄"，"居患难"就安之若素了。这个话正与父亲"毋以是为我累"的话正反相应；父亲的意思是丰厚（有馀）要成累，母亲的意思是俭薄就没有什么累。以下"汝家故贫贱也……"两句是承接上文，用叙述来加倍描写。"汝能安之，吾亦安矣"一句，虽只有八个字，可是把母亲与儿子融融泄泄，"居患难"而心胸旷然的情境，都表现出来了。作者的母亲画获教子，自来称为贤母的模范。读本篇所叙母亲的一些话，真像看见了这位贤母，听到了她的温恭慈爱的口吻。

第六段"为善无不报"之下，加"而迟速有时"五字，作为对于"报"字的副语，与下文相应；这是文字的周密处。"我祖考积善成德，宜享其隆"，但"不克有于其躬"，这就像是"不报"。然而到后来"赐爵受封，显荣褒大，实有三朝之锡命"，可见并不是"不报"，只是"报"得"迟"一点罢了。这就是所谓"迟速有时"。若不在上文把这一层先行点明，下文"不克有于其躬"就未免有点突兀了。末句的末了说"小子修""德薄能鲜，遭时窃位"，"德"与"能"都不行，原不该有什么发展，而现在竟得发展，无非遭遇时世，窃居高位而已：把自己说得这样地平凡，只是要反衬下文的"全大节"与"不辱其先"。"全大节"与"不辱其先"不是容易做到的事情，而平凡的自己居然能够做到，那是经过了许多奋勉的工夫而来的。下一个"幸"字，所以表明奋勉成功的意思。若把这"幸"字解作通常的"侥幸"，意味就差一点了。平凡的自己何所凭借而能奋勉呢？凭借的是父亲的遗训与母亲的训练；把成功的原由都归到父母身上，这就是所谓"其来有自"。

一

现在把本篇所用的字与词、语，应该提出来说明的，逐一说明于下：

关于坟墓的刻石，通常有两种，一种是"墓表"，也称"墓碑"；一种是"墓志铭"。一般的见解，"墓表"所以彰其人，立在坟上，供瞻仰的人观看；"墓志铭"埋在坟中，将来时候或许陵谷变迁，发见的人就可以知这坟中埋的是谁。但姚鼐《古文辞类纂》的序文里说："志者，识也。或立石墓上，或埋之圹中，古人皆曰志。为之铭者，所以识之之辞也。然恐人观之不详，故又为序。世或以石立墓上曰碑曰表，埋乃曰志，及分志铭二之，独呼前序曰志者，皆失其义。"这是说关于坟墓的刻石，不管它立在坟上或是埋在坟中，"古人皆曰

志";他是不承认有"墓表"与"墓志铭"的分别的。

"呜呼"是叹词,或仅表感叹,或在感叹之外兼表伤痛或赞美的意思。本篇里用了三个"呜呼"。第一段里的"呜呼"仅表感叹,感叹作表的延迟。第二段里的"呜呼"就兼表赞美了,赞美父亲"其心厚于仁"。第六段里的"呜呼"也兼表赞美,赞美祖考的"实有三朝之锡命"。从此又可见"于是小子修泣而言曰"的"泣"字是感慰的"泣",不是伤痛的"泣"。

本篇里用了两个"惟"字,一个在第一段,一个在第六段。这两个"惟"字不是"惟独",没有实义,只是古代的发语词——在说话开头的时候,带出一个没有实义的字来,以助语气。去掉"惟"字,作"我皇考"、"我祖考",意思也一样。现在加用这古代的发语词,见得称说自己的"皇考"与"祖考",语气更庄敬一点。

"皇"字是对于先代的敬称。篇首初提到父亲,当然该庄敬;第五段叙述父亲受朝廷的赠赐,第六段说到父亲的遗训,也非庄敬不可;所以都用"皇考"。第三段里的"先公少孤力学",第四段里的"自先公之亡二十年",都只是寻常叙述语;所以不用"皇考"而用"先公"。第五段里称曾祖为"皇曾祖",称祖父为"皇祖",理由与前面所说一样。

"崇公"是赐爵崇国公的简称。在"皇考"之下,又称父亲的赐爵,所以也表示庄敬。除了对于自己的祖先以外,对于其他的人不称他的名字而称他的官位、封爵、谥号,也都表示庄敬的意思。

"卜吉",就是下葬;但是说"卜吉"见得当时是郑重其事,占卜了"吉兆"而下葬的,正与全句郑重、庄敬的情味相一致。第三段里叙及葬地,仅是寻常叙述语,所以用"葬"字就够了。

"克"字与"能"字的分辨,在"前言"里已经提到,这里不再说。现在只说第六段里"虽不克有于其躬"一语的"不克"。这一语说祖考"不克"在生

前"享其隆",而"享其隆"是一件大事,提及的时候应该郑重、庄敬的;所以不作"不能"而作"不克"。

本篇里用了许多"也"字,这些"也"字可以分为三类。"非敢缓也"、"故其亡也"、"吾之始归也"、"此死狱也"、"汝家故贫贱也"等语里的"也"字是一类,表示语气到此稍稍顿一顿,话还没有说完。"盖有待也"、"以有待于汝也"、"然知汝父之能养也"、"然知汝父之必将有后也"、"不如养之薄也"、"而以此知汝父之能养也"、"则死者与我皆无恨也"、"则知不求而死者有恨也"、"而世常求其死也"、"吾不及见儿子之立也"、"故能详也"、"此吾知汝父之必将有后也"、"此汝父之志也"、"俭薄所以居患难也"、"此理之常也"等语里的"也"字是一类,表示语气到此完足,一句话已经说完。第三段里"其何及也"一语的"也"字又是一类,与"邪"字相当,是反问与感叹的语气。如果说白话,"非敢缓也"作"并不是敢于迟缓","此死狱也"作"这是一件该判死罪的案子","汝家故贫贱也"作"你家本来贫贱",都只须稍稍顿一顿就是,不须再用什么语助词。"故其亡也"作"所以他去世的时候","吾之始归也"作"我嫁过来的时候";这里值得注意,白话里的时间副语"……的时候",文言里可作"……也"。"所以当他入学的时候"可作"方其入学也","与你碰见的时候"可作"与君之相遇也"。再说第二类"也"字。"盖有待也"作"是有所等待","以有待于汝也"作"因此对于你有所等待",都只在声调上表示语气完足,末了不需再用什么语助词。"然知汝父之能养也"作"然而知道你父亲是能够奉养的","然知汝父之必将有后也"作"然而知道你父亲是一定会有好子孙的","则知不求而死者有恨也"作"就知道不经仔细考求而被处死刑的有怨恨了","吾不及见儿之立也"作"我见不到儿子的成立了";从这里可以知道,白话里的"是……的"与"了"两种断定语气,在文言里就是"也"字。再说第三类"也"字。"其何及也!"白话作"还哪里来得及

呢!"这"也"字正是白话里的"呢"。所以,"什么缘故呢?"文言作"何也?"
"什么人呢?"文言作"谁也?"

"盖有待也"的"盖"字,与"乃"字意义相近,作"乃有待也"也可以。全
句说白话,是"并不是敢于迟缓,是有所等待"。可见白话里这样语气之下的
"是"字,文言作"盖"字或"乃"字。所以"并不是不愿意做,是没有能力做",
文言作"非不愿为也,盖无其能也"。"这不是远山,是停着的云",文言作
"是非远山也,乃停云也"。

"自力于衣食"一语,照样说作白话是"自己尽力对于衣食",或"自己尽
力在衣食方面",都不很顺适。这只须说"自己尽力谋衣食"就可以了。又如
下文"新免于丧",白话就是"新近除服"。那"于"字都不必译作"对于"或
"在"字放在话里的。

"以长以教"的"长"字作"长养"解,所以与"教"字处同等的地位。被
"长"被"教"的都是作者。

"以长以教",以什么来长养儿子教训儿子呢?原来是以"自力于衣食"。
因为"自力于衣食"已经说在前面,"以"字之下就可以直接"长"字"教"字
了。这与"以庇而为生"一语情形完全相同。原来是"以一瓦之覆,一垄之
植,庇而为生",但为要说明没有"一瓦之覆,一垄之植",必须把这两语提在
前面,才加得上一个"无"字;两语既已提在前面,"以"字之下就可以直接
"庇而为生"了。明白了这个,也就可以明白"俾至于成人""俾知夫小子修
……"两语的句法。"俾"就是"使",使那一个"至于成人",使什么人知道,
语中都不点明,必然已经提在前面了。不错,已经提在前面了;对于"俾至于
成人"的"俾"字是"修不幸"的"修"字,对于"俾知夫小子修……"的"俾"字
是"是足以表见于后世而庇赖其子孙矣"一语里的"后世"与"子孙"。

本篇里用了四个"邪"。"邪"就是"耶"。"吾何恃而能自守邪?""矧求
而有得邪!"都是反问口气,"邪"字与白话里的"呢"字相当。"是真发于中
者邪!""其心厚于仁者邪!"都是赞叹口气,"邪"字与白话里的"啊"字相当。

后面两语说作白话,就是"这真是从心里发出来的啊!""他的心里仁道很厚的啊!"

"祭而丰,不如养之薄也",说作白话,就是"祭得丰厚,不如供养得菲薄"。又如"读而勤"、"学而有成"、"为吏而廉"一类的语句,白话就是"读得勤快"、"学习得有成就"、"做官做得廉洁";这些"而"字都与白话里的"得"字相当。"养之薄"本来也可以作"养而薄",现在不用"而"字而用"之"字,叫做"互文"——就是说,错综地使用作用相同的字,以避免重复。这"之"字并不与"我的"、"你的"的"的"字相当,而与上语的"而"字作用相同。"互文"常常用在语式相同的两语里。"而"字与"之"字可为"互文"之外,其他"互文"还有很多。如陶潜《归去来辞》里的"舟遥遥以轻飏,风飘飘而吹衣"两语语式相同,"以"字与"而"字是"互文"。

"间御酒食"的"御"字,与白话里的"用"字相当。白话说"请用饭",比较"请吃饭"恭敬一点。文言说"御酒食",也比较"进酒食"恭敬一点。

本篇里用了许多"其"字,多数"其"字都是寻常用法,在白话里就是"他的"。只有两个比较不寻常,现在提出来说一说。一个是"其何及也"的"其"字。这一语说作白话,就是"还哪里来得及呢!""其"字与白话的"还"字正相当。再从《左传》里摘出一些语句来看,如"其何不济?""其何以免乎?""其何以报君?""其何后之有?"说作白话,就是"还有什么不成功呢?""还从什么方法避免呢?""还拿什么报答你呢?""还会有什么后代呢?"可见在反问或感叹的语句里,"其"字用在开头,语气与白话里说"还"字一样。又一个是"汝其勉之"的"其"字。这"其"字表示命令与期望的意思。不说"汝勉之"而说"汝其勉之",更见恳切叮咛的心怀。《尚书》里有"帝其念哉!""嗣王其监于兹!"的语句,《左传》里有"吾子其无废先君之功!"的语句,"其"字的用法都与"汝其勉之"一语相同。

"吾始一二见之,以为新免于丧适然耳;既而其后常然;至其终身,未曾不然"一句里,连用"适然"、"常然"、"未尝不然",逐层递进,把父亲没有一刻不存着孝思说到极点。凡要使读者听者的感兴逐渐达到顶点,用这种逐层递进的说法是很有效的。

"以为新免于丧适然耳"的"耳"字,与寻常作"而已"或"罢了"意义的"耳"字不同。它与"也"字相当,放在语句的末了,表示语气到此停顿。所以这一语若作"以为新免于丧适然也",语调是一样的。说作白话,就是"以为他新近除服偶而这样",无论用"耳"用"也",都不须再找什么语助词来译它了。"我求其生不得尔"的"尔"字,与这个"耳"字,完全相同;也与"也"字相当,也是放在语句的末了,表示语气到此停顿。"我求其生不得尔",也可以作"我求其生不得也"。再就本篇用"也"字的语句来看,有些"也"字也可以换作"耳"字;如"盖有待也"也可以作"盖有待耳","以有待于汝也"也可以作"以有待于汝耳"。可见"也"、"耳"两字是常常可以通用的。不过用"也"字语气重一点,用"耳"或"尔"字语气轻一点,这是分别所在。

"矧"字与"况"字意义相同。有人说,这两个字,语气有缓急的分别,"况"字语气缓,"矧"字语气急。这种分别,现在也不能辨明;只觉得"况"字是常用字,"矧"字是比较不常用的字罢了。

本篇里用了三个"夫"字。"夫常求其生","夫养不必丰"两语里的"夫"字是一类,放在语首,表示提示的意思。白话里没有与这个"夫"字相当的字;说这两语,就是"常常给他寻生路","奉养不一定要丰盛",开头都不须用什么语词,只须发声前低后高就是了。"俾知夫小子修……"一语里的"夫"字又是一类,放在动词底下,没有意义,只把上面那动词拖得舒缓一点。白话里也没有与这个"夫"字相当的字。这样的"夫"字当然不妨去掉;所以这一语也可作"俾知小子修……"。

"犹失之死"一语里,"失之"两字是相连的;凡是说话说得不对,做事做得错误,文言都可用"失之"两字来表示。这一语说作白话,就是"尚且会弄错了教人冤枉死"。文言为什么缩得这样简短呢?因为"犹失之死"与上一语"常求其生"句法相同,成为对偶,而对偶的语句,往往可以简缩而见意的。

"剑"字的来源,在《礼记·曲礼上》。《曲礼上》的文句是:"长者……负剑辟咡诏之,则掩口而对。"郑注说:"负,谓置之于背;剑,谓挟之于旁。"孔疏说:"剑,谓挟于胁下,如带剑也。"可见这"剑"字是把小儿挟在胁下的意思。本篇各本有异文若干处,这个"剑"字,一本作"抱"字。有人说,作"剑"字表示"乳者"把作者挟在胁下,看主人在灯下办公事,情态很生动;若作"抱"字,就觉得直致了。但这"剑"字是僻字(僻字与古字不同,古字是现在不常使用的字,僻字是向来就少经使用的字),就本篇全体看,使用僻字的就只有这一处,未免见得不调和。并且,用"剑"字就生动,用"抱"字就直致,也只是从爱好僻字而来的主观看法。所以,作者当时用的如果真是"剑"字,在全篇用字须求调和这一点上是可议的。

作者的父亲死在宋真宗大中祥符三年,那年正是"庚戌",与术者的话相应。作者所以要把"岁行在戌将死"的话叙下来,就为事实与预言相应的缘故。至于这是偶合还是术者真有预知的本领,这问题在现代人当然很容易想起;但在作者当时是不成问题的。

"吾耳熟焉"的"焉"字与"之"字相当,指称上一语里的"此语"。这四个字说作白话,就是"我听熟了这个话"。《左传》里有"公使让之,且辞焉"的语句,《孟子》里有"尧之于舜也,使其子九男事之,二女女焉"的语句,"辞焉"就是"辞之","女焉"就是"女之"。可见"焉"字与"之"字常常通用的。

作者"贬夷陵"是宋仁宗景祐三年的事情。按年谱,景祐元年,"授宣德郎,试大理评事,兼监察御史,充镇南军节度,掌书记馆阁校勘"。景祐三年,

"是岁,天章阁待制权知开封府范仲淹言事忤宰相,落职,知饶州。公切责司谏高若讷,若讷以其书闻,五月戊戌,降为峡州夷陵县令"。

作者初入仕"得禄而养"是宋仁宗天圣八年的事情。按年谱,天圣七年,"是春,公……试国子监为第一,补广文馆生。秋,赴国学解试,又第一"。天圣八年,"正月,试礼部,……公复为第一。三月,御试崇政殿,公申科第十四名。五月,授将仕郎,试秘书省校书郎,充西京留守推官"。

"列官于朝",指宋仁宗庆历二年作者"知太常礼院"而言。

作者"拜枢密副使"是宋仁宗嘉祐五年的事情。"参知政事"是嘉祐六年的事情。

"又七年",指宋英宗治平四年。按年谱,治平四年,"二月,……御史彭思永蒋之奇以飞语污公,上察其诬,斥之。公力求去。三月壬申,除观文殿学士,转刑部尚书,知亳州。……五月甲辰,至亳"。这就离开了中央而充外任了。

"实有三朝之锡命"的"实"字,不是"实在"而是"果然"。"果"本来是"木实",有"果然"一义,自然"实"也可以作"果然"了。如在叙述一个学生怎样怎样用功之后,接着说"每试实列前茅",在叙述人家怎样怎样对我有好感之后,接着说"实慰我心",这些"实"字都是"果然"。

以上说到的一些文言虚字,固然要分析、比较,确切地知道它们所表示的意义与语气;但是要熟习它们并且使用它们,非加工吟诵不可。从吟诵入手,所得到的才是习惯,而不仅是知识。

二

读过了这篇文字,可以想起许多问题。譬如,碑志传记的文字,目的在

叙述人物,从这篇文字看来,叙述人物的主要手法是什么呢？第一是抉出那个人品性与行为上的特点,凭那些特点来表见他的全貌。本篇作者以为孝行与仁心是父亲的两大"善",是父亲的特点,所以着眼在此,其他不再叙述。第二是用具体写法。本篇作者不用一些抽象词语来形容父亲的孝与仁,而用父亲在祭祀与进酒食的时候怎样追慕,在办公事的时候怎样用心,来表现父亲的孝与仁;这就是用具体写法。

又如,具体写法与抽象写法,方法上与效果上有什么不同呢？抽象写法只凭作者主观的意见:如作者观得某人能够孝顺他的父母,就说他"能孝其亲";觉得某人的孝行真是做到极点了,就说他"孝行纯笃";这里"能孝"与"纯笃"都是作者主观的意见。具体写法就不然。如"祭而丰,不如养之薄也！""昔常不足而今有馀,其何及也！"本是本篇作者父亲常说的两句话;关于"求其生"的意见,本是本篇作者父亲某一夕说起的一番话;作者觉得就是这几句话,已可充分地见到父亲的孝行与仁心了,于是把它们记下来。还有说话当时的背景,"祭而丰……"一句是"岁时祭祀"的时候说的;"昔常不足……"一句是"间御酒食"的时候说的;"求其生而不得……"一段是"夜烛治官书,屡废而叹"的时候说的;在那样背景中,说那样的话,父亲的孝行与仁心真是宛然如见了。这里只有选取材料(就是言语、行动、背景等)的时候多少掺有作者主观的意见,待材料选定之后,作者的任务只是叙事与记言罢了。这种手法叫做表现,意思是使所写的人物自己显示在读者面前。以上是两种写法方法上的不同。抽象写法只能教人家知道些什么。如前面所举的例子,说某人"能孝其亲"或"孝行纯笃";但某人怎样"能孝",他的孝行怎样"纯笃",却是无法知道的。具体写法在教人家知道些什么以外,还能教人家感到些什么。如本篇叙述父亲的话与说话当时的背景,那背景与说话构成一种真切的境界,显示一个生动的人物,可供读者自己用心灵去探索与认

识。探索与认识的结果，不但知道作者的父亲曾经说过那些话而已，并且感到作者父亲真是个尽孝尽仁的人。以上是两种写法效果上的不同。

又如，凡是碑志传记文字，是不是或多或少都用具体写法的呢？所谓抉出人物的特点，这特点是不是专指那人的长处而言呢？这类文字，有的带教训意味，有的却不带，这带与不带由什么而分别呢？想到这些问题，就可以各就方便，取若干篇碑志传记来看。又如，这篇文字纡徐而庄敬，风格与它相近的文字，作者还有哪些篇呢？人家说作者"文备众体"，作者的文字工作，涉及的方面到底有多少呢？想到这些问题，就可以取作者的全集来看。又如，本篇所用的一些文言虚字，在本篇里作这样意义这样语气，能不能从其他文篇中得到印证呢？本篇所用的一些修辞方法，如逐层递进的说法与对偶句里用互文，能不能从其他文篇中找到例子呢？想到这些问题，就得随时留意，以免错过发见的机会。

药

鲁迅

一

❶秋天的后半夜,月亮下去了,太阳还没有出,只剩下一片乌蓝的天;除了夜游的东西,什么都睡着。华老栓忽然坐起身,擦着火柴,点上遍身油腻的灯盏,茶馆的两间屋子里,便弥满了青白的光。

❷"小栓的爹,你就去么?"是一个老女人的声音。里边的小屋子里,也发出一阵咳嗽。

"唔。"老栓一面听,一面应,一面扣上衣服;伸手过去说,"你给我罢。"

华大妈在枕头底下掏了半天,掏出一包洋钱,交给

老栓。老栓接了,抖抖的装入衣袋,又在外面按了两下;便点上灯笼,吹熄灯盏,走向里屋子去了。那屋子里面,正在窸窸窣窣的响,接着便是一通咳嗽。老栓候他平静下去,才低低的叫道:"小栓……你不要起来。……店么?你娘会安排的。"

❸老栓听得儿子不再说话,料他安心睡了,便出了门,走到街上。街上黑沉沉的一无所有,只有一条灰白的路,看得分明。灯光照着他的两脚,一前一后的走。有时也遇到几只狗,可是一只也没有叫。天气比屋子里冷得多了;老栓倒觉爽快,仿佛一旦变了少年,得了神通,有给人生命的本领似的,跨步格外高远。而且路也愈走愈分明,天也愈走愈亮了。

❹老栓正在专心走路,忽然吃了一惊,远远里看见一条丁字街,明明白白横着。他便退了几步,寻到一家关着门的铺子,蹩进檐下,靠门立住了。好一会,身上觉得有些发冷。

❺"哼,老头子。"

"倒高兴……。"

老栓又吃一惊,睁眼看时,几个人从他面前过去了。一个还回头看他,样子不甚分明,但很像久饿的人见了食物一般,眼里闪出一种攫取的光。老栓看看灯笼,已经熄了。按一按衣袋,硬硬的还在。仰起头两面一望,只见许多古怪的人,三三两两,鬼似的在那里徘徊;定睛再看,却也看不出什么别的奇怪。

❻没有多久,又见几个兵,在那边走动;衣服前后的一个大白圆圈,远地里也看得清楚,走过面前的,并且看出号衣上暗红的镶边。——一阵脚步声响,一眨眼,已经拥过了一大簇人。那三三两两的人,也忽然合作一堆,潮一般向前赶;将到丁字街口,便突然立住,簇成一个半圆。

❼老栓也向那边看,却只见一堆人的后背;颈项都伸得很长,仿佛许多

鸭,被无形的手捏住了的,向上提着。静了一会,似乎有点声音,便又动摇起来,轰的一声,都向后退;一直散到老栓立着的地方,几乎将他挤倒了。

❽"喂!一手交钱,一手交货!"一个浑身黑色的人,站在老栓面前,眼光正像两把刀,刺得老栓缩小了一半。那人一只大手,向他摊着;一只手却撮着一个鲜红的馒头,那红的还是一点一点的往下滴。

❾老栓慌忙摸出洋钱,抖抖的想交给他,却又不敢去接他的东西。那人便焦急起来,嚷道,"怕什么?怎的不拿!"老栓还踌躇着;黑的人便抢过灯笼,一把扯下纸罩,裹了馒头,塞与老栓;一手抓过洋钱,捏一捏,转身去了。嘴里哼着说"这老东西……。"

❿"这给谁治病的呀?"老栓也似乎听得有人问他,但他并不答应;他的精神,现在只在一个包上,仿佛抱着一个十世单传的婴儿,别的事情,都已置之度外了。他现在要将这包里的新的生命,移植到他家里,收获许多幸福。太阳也出来了;在他面前,显出一条大道,直到他家中,后面也照见丁字街头破匾上'古□亭口'这四个黯淡的金字。

二

⓫老栓走到家,店面早经收拾干净,一排一排的茶桌,滑溜溜的发光。但是没有客人;只有小栓坐在里排的桌前吃饭,大粒的汗,从额上滚下,夹袄也贴住了脊心,两块肩胛骨高高凸出,印成一个阳文的"八"字。老栓见这样子,不免皱一皱展开的眉心。他的女人从灶下急急走出,睁着眼睛,嘴唇有些发抖。

"得了么?"

"得了。"

⓬两个人一齐走进灶下，商量了一会；华大妈便出去了，不多时，拿着一片老荷叶回来，摊在桌上。老栓也打开灯笼罩，用荷叶重新包了那红的馒头。小栓也吃完饭，他的母亲慌忙说：

"小栓——你坐着，不要到这里来。"

一面整顿了灶火，老栓便把一个碧绿的包，一个红红白白的破灯笼，一同塞在灶里；一阵红黑的火焰过去时，店屋里散满了一种奇怪的香味。

⓭"好香！你们吃什么点心呀？"这是驼背五少爷到了。这人每天总在茶馆里过日，来得最早，去得最迟，此时恰恰蹩到临街的壁角的桌边，便坐下问话，然而没有人答应他。"炒米粥么？"仍然没有人应。老栓匆匆走出，给他泡上茶。

⓮"小栓进来罢！"华大妈叫小栓进了里面的屋子，中间放好一条凳，小栓坐了。他的母亲端过一碟乌黑的圆东西，轻轻说：——

"吃下去罢，——病便好了。"

⓯小栓撮起这黑东西，看了一会，似乎拿着自己的性命一般，心里说不出的奇怪。十分小心的拗开了，焦皮里面窜出一道白气，白气散了，是两半个白面的馒头。——不多工夫，已经全在肚里了，却全忘了什么味；面前只剩下一张空盘。他的旁边，一面立着他的父亲，一面立着他的母亲，两人的眼光，都仿佛要在他身里注进什么又要取出什么似的；便禁不住心跳起来，按着胸膛，又是一阵咳嗽。

⓰"睡一会罢，——便好了。"

小栓依他母亲的话，咳着睡了。华大妈候他喘气平静，才轻轻的给他盖上了满幅补钉的夹被。

三

❶店里坐着许多人，老栓也忙了，提着大铜壶，一趟一趟的给客人冲茶；两个眼眶，都围着一圈黑线。

"老栓，你有些不舒服么？——你生病么？"一个花白胡子的人说。

"没有。"

"没有？——我想笑嘻嘻的，原也不像……"花白胡子便取消了自己的话。

❶"老栓只是忙。要是他的儿子……"驼背五少爷话还未完，突然闯进了一个满脸横肉的人，披一件玄色布衫，散着纽扣，用很宽的玄色腰带，胡乱捆在腰间。刚进门，便对老栓嚷道：

"吃了么？好了么？老栓，就是运气了你！你运气，要不是我信息灵……。"

❶老栓一手提了茶壶，一手恭恭敬敬的垂着；笑嘻嘻的听。满座的人，也都恭恭敬敬的听。华大妈也黑着眼眶，笑嘻嘻的送出茶碗茶叶来，加上一个橄榄，老栓便去冲了水。

❶"这是包好！这是与众不同的。你想，趁热的拿来，趁热的吃下。"横肉的人只是嚷。

"真的呢，要没有康大叔照顾，怎样会这样……"华大妈也很感激的谢他。

"包好，包好！这样的趁热吃下。这样的人血馒头，什么痨病都包好！"

华大妈听到"痨病"这两个字，变了一点脸色，似乎有些不高兴；但又立

刻堆上笑,搭讪着走开了。这康大叔却没有觉察,仍然提高了喉咙只是嚷,嚷得里面睡着的小栓也合伙咳嗽起来。

㉑"原来你家小栓碰到了这样的好运气了。这病自然一定全好;怪不得老栓整天的笑着呢。"花白胡子一面说,一面走到康大叔面前,低声下气的问道:"康大叔——听说今天结果的一个犯人,便是夏家的孩子,那是谁的孩子?究竟是什么事?"

㉒"谁的?不就是夏四奶奶的儿子么?那个小家伙!"康大叔见众人都耸起耳朵听他,便格外高兴,横肉块块饱绽,越发大声说,"这小东西不要命,不要就是了。我可是这一回一点没有得到好处;连剥下来的衣服,都给管牢的红眼睛阿义拿去了。——第一要算我们栓叔运气;第二是夏三爷赏了二十五两雪白的银子,独自落腰包,一文不花。"

㉓小栓慢慢的从小屋子里走出,两手按了胸口,不住的咳嗽;走到灶下,盛出一碗冷饭,泡上热水,坐下便吃。华大妈跟着他走,轻轻的问道,"小栓你好些么?——你仍旧只是肚饿?……"

㉔"包好,包好!"康大叔瞥了小栓一眼,仍然回过脸,对众人说,"夏三爷真是乖角儿,要是他不先告官,连他满门抄斩。现在怎样?银子!——这小东西也真不成东西!关在牢里,还要劝牢头造反。"

"阿呀,那还了得。"坐在后排的一个二十多岁的人,很现出气愤模样。

"你要晓得红眼睛阿义是去盘盘底细的,他却和他攀谈了。他说:这大清的天下是我们大家的。你想:这是人话么?红眼睛原知道他家里只有一个老娘,可是没有料到他竟会这么穷,榨不出一点油水,已经气破肚皮了。他还要老虎头上搔痒,便给他两个嘴巴!"

"义哥是一手好拳棒,这两下,一定够他受用了。"壁角的驼背忽然高兴起来。

㉕"他这贱骨头打不怕,还要说可怜可怜哩。"

花白胡子的人说,"打了这种东西,有什么可怜呢?"

康大叔显出看他不上的样子,冷笑着说,"你没有听清我的话;看他神气,是说阿义可怜哩!"

听着的人的眼光忽然有些板滞;话也停顿了。小栓已经吃完饭,吃得满身大汗,头上都冒出蒸气来。

㉖"阿义可怜——疯话,简直是发了疯了。"花白胡子恍然大悟似的说。

"发了疯了。"二十多岁的人也恍然大悟的说。

店里的坐客,便又现出活气,谈笑起来。小栓也趁着热闹,拼命咳嗽;康大叔走上前,拍他肩膀说:

"包好! 小栓——你不要这么咳。包好!"

"疯了。"驼背五少爷点着头说。

四

㉗西关外靠着城根的地面,本是一块官地;中间歪歪斜斜一条细路,是贪走便道的人用鞋底造成的,但却成了自然的界限。路的左边,都埋着死刑和瘐毙的人,右边是穷人的丛冢。两面都已埋到层层叠叠,宛然阔人家里祝寿时候的馒头。

㉘这一年的清明,分外寒冷;杨柳才吐出半粒米大的新芽。天明未久,华大妈已在右边的一座新坟前面排出四碟菜,一碗饭,哭了一场。化过纸,呆呆的坐在地上;仿佛等候什么似的,但自己也说不出等候什么。微风起来,吹动她短发,确乎比去年白得多了。

㉙小路上又来了一个女人,也是半白头发,褴褛的衣裙;提一个破旧的

朱漆圆篮,外挂一串纸锭,三步一歇的走。忽然见华大妈坐在地上看他,便有些踌躇,惨白的脸上现出些羞愧的颜色;但终于硬着头皮,走到左边的一座坟前,放下了篮子。

㉚那坟与小栓的坟,一字儿排着,中间只隔一条小路。华大妈看他排好四碟菜,一碗饭,立着哭了一遍,化过纸锭;心里暗暗地想,"这坟里的也是儿子了。"那老女人徘徊观望了一回,忽然手脚有些发抖,跄跄踉踉退下几步,瞪着眼只是发怔。

㉛华大妈见这样子,生怕他伤心到快要发狂了;便忍不住立起身,跨过小路,低声对他说,"你这位老奶奶不要伤心了,——我们还是回去罢。"

㉜那人点一点头,眼睛仍然向上瞪着;也低声吃吃的说道,"你看,——看这是什么呢?"

华大妈跟了他指头看去,眼光便到了前面的坟,这坟上草根还没有全合,露出一块一块的黄土,煞是难看。再往上仔细看时,却不觉也吃一惊;——分明有一圈红白的花,围着那尖圆的坟顶。

㉝他们的眼睛都已老花多年了,但望这红白的花,却还能明白看见。花也不很多,圆圆的排成一个圈,不很精神,倒也整齐。华大妈忙看他儿子和别人的坟,却只有不怕冷的几点青白小花,零星开着,便觉得心里忽然感到一种不足和空虚,不愿意根究。那老女人又走近几步,细看了一遍,自言自语的说:"这没有根,不像自己开的!这地方有谁来呢?孩子不会来玩;——亲戚本家早不来了。——这是怎么一回事呢?"他想了又想,忽然又流下泪来,大声说道:

"瑜儿,他们都冤枉了你,你还是忘不了,伤心不过,今天特意显点灵,要我知道么?"他四面一看,只见一只乌鸦,站在一株没有叶的树上,便接着说,"我知道了。——瑜儿,可怜他们坑了你,他们将来总有报应,天都知道;你

闭了眼睛就是了。——你如果真在这里,听到我的话,——便教这乌鸦飞上你的坟顶,给我看罢。"

㉞微风早经停息了;枯草支支直立,有如铜丝。一丝发抖的声音,在空气中愈颤愈细,细到没有,周围便都是死一般静。两人站在枯草丛里,仰面看那乌鸦;那乌鸦也在笔直的树枝间,缩着头,铁铸一般站着。

㉟许多的工夫过去了,上坟的人渐渐增多,几个老的小的,在土坟间出没。

㊱华大妈不知怎的,似乎卸下了一挑重担,便想到要走;一面劝着说,"我们还是回去罢。"

㊲那老女人叹一口气,无精打采的收起饭菜;又迟疑了一刻,终于慢慢地走了。嘴里自言自语的说,"这是怎么一回事呢?……"

㊳他们走不上二三十步远,忽听得背后'哑——'的一声大叫;两个人都悚然的回过头,只见那乌鸦张开两翅,一挫身,直向着远处的天空,箭也似的飞去了。

指导大概

本篇是短篇小说。正题旨是亲子之爱,副题旨是革命者的寂寞的悲哀。这故事是在清朝的末年,那时才有革命党;本篇第三段"这大清的天下是我们大家的"一句话,表示了革命党的主张,也表示了朝代。这故事是个小城市的故事,出面的人物也都是小城市的人物。那时代的社会还是所谓封建的社会;这些人物,这些人物的思想,自然充满了封建社会的色彩。从华老栓到夏四奶奶,都是如此。

故事只是这样:小茶馆的掌柜华老栓和华大妈夫妇只有小栓一个儿子,

像是已经成了年。小栓生了痨病，总不好。老夫妇捡到一个秘方，人血馒头可以治好痨病。老栓便托了刽子手康大叔；当然，得花钱。刚好这一个秋天的日子，杀一个姓夏名瑜的革命党，老栓去向康大叔买回那人血馒头，让小栓吃了。小栓可终于没有好，死了。那夏瑜是他的三伯父夏三爷告了密逮着的。夏瑜很穷，只有一个老母亲，便是夏四奶奶。他在牢里还向管牢的红眼睛阿义宣传革命，却挨了两个嘴巴。夏三爷告密，官厅赏了二十五两银子。一般人没有同情那革命党的。他是死刑犯人，埋在西关外官地上，华家是穷人，小栓也埋在那里。第二年清明，华大妈去上坟，夏四奶奶也去。夏四奶奶发见儿子坟上有一个花圈，却不认识是什么，以为他让人冤枉死了，在特意显灵呢。华大妈瞧着夏四奶奶发怔，过去想安慰她；看见花圈，也不认识，只觉得自己儿子坟上没有，"感到一种不足和空虚"❸❸。她终于劝着夏四奶奶离开了坟场。

本篇从"秋天的后半夜"❶老栓忙着起来去等人血馒头开场。第一段说到馒头到了手为止。第二段说老栓夫妇商量着烧那馒头，直到看着小栓吃下去。第三段康大叔来到茶馆里，和老栓夫妇谈人血馒头；从馒头便到了那革命党。这却只是茶客们和他问答着，议论着。这两段里都穿插着小栓的病相。第一段的时间是后半夜到天明；第二三段只是一个早上。第四段是第二年清明节的一个早上，华大妈去上儿子的坟，可见小栓是死了。夏四奶奶也去上儿子的坟，却有人先已放了一个花圈在那坟上。第一段里，主要的是老栓的动作；第二段里是华大妈的。第三段里主要的是康大叔和茶客们的对话。第四段里主要的却是夏四奶奶的动作。

一

老栓和华大妈都将整个儿的心放在小栓的身上,放在小栓的病上。人血馒头只是一个环;在这以前可能还试过许多方子,在这以后,可能也想过一些法子。但只这一环便可见出老夫妇爱儿子的心专到怎样程度,别的都不消再提了。鲁迅先生没有提"爱"字,可是全篇从头到尾都见出老夫妇这番心。他们是穷人。不等到第四段说小栓埋在"穷人的丛冢"❷里我们才知道,从开始一节里"华老栓"这名字,和"遍身油腻的灯盏""茶馆的两间屋子",便看出主人公是穷人了。穷人的钱是不容易来的,更是不容易攒的。华大妈枕头底下那一包洋钱,不知她夫妇俩怎样辛苦才省下来的。可是为了人血馒头,为了儿子的病,他们愿意一下子花去这些辛苦钱。"华大妈在枕头底下掏了半天",才掏出那包钱。"老栓抖抖的装入衣袋,又在外面按了两下"❷。他后来在丁字街近处那家铺子门边站着的时候,又"按一按衣袋,硬硬的还在"❺。这些固然见出老夫妇俩钱来的不易,他们可并不是在心痛钱。他们觉得儿子的命就在那人血馒头上,也就在这包钱上,所以慎重的藏着,慎重的装着,慎重的守着。这简直是一种虔敬的态度。

老栓夫妇是忙人,一面得招呼茶客们,一面还得招呼小栓的病。他们最需要好好的睡。可是老栓去等馒头这一夜,他俩都没有睡足,也没有睡好;所以第二天早上两个人的眼眶都围上一圈黑线❶❶,那花白胡子甚至疑心老栓生了病❶。这一夜老栓其实不必起来得那么早,连华大妈似乎都觉得他太早了一些,所以带点疼惜的说,"你就去么?"❷但是这是关系儿子生命的大事,他怎敢耽误呢!大概他俩惦记着这件大事,那上半夜也没有怎样睡着,所以第二天才累得那样儿。老栓出了门,到了丁字街近处那家关着门的

铺子前面立住,"好一会"❹,才有赶杀场的人"从他面前过去"❺,他确是太早了一些。这当儿华大妈也不会再睡。她惦记着,盼望着;而且这一早收拾店面是她一个人的事儿。老栓出门前不是叫了小栓"你不要起来。……店么?你娘会安排的"❷?"老栓走到家,店面早经收拾干净,一排一排的茶桌,滑溜溜的凳儿"⓫,可见她起来也是特别早的。两夫妇是一个心,只是为了儿子。

老栓是安分良民,和那些天刚亮就来赶杀场的流浪汉和那刽子手不是一路。他们也看出他的异样,所以说,"哼,老头子。"❺"倒高兴。……"❺"这老东西……"❾。他胆儿小,怕看杀人,怕见人血,怕拿人血馒头。他始终立在那铺子的檐下,不去看杀场。固然他心里只有儿子的病,没心赶热闹去;害怕可也是一半儿。他连那些去看杀人和那杀人的人的眼光都禁不起❺❽,他甚至看见那杀人的地方——丁字街——,听见讥讽他也来看杀人的话,都"吃一惊"❹❺,何况是杀人呢?人血馒头是那刽子手送到他面前来的。他还不敢接那"鲜红的馒头"❽,是那刽子手扯下他的灯笼罩,塞给他,他才拿着的❾。这人血馒头本该"趁热的拿来,趁热吃下"⓴。可是老栓夫妇害怕这么办。"两个人一齐走进灶下商量了一会"⓬,才决定拿一片老荷叶"重新包了那红的馒头"⓬,和那"红红白白的破灯笼,一同塞在灶里"⓬烧了给小栓吃。他们不但自己害怕,还害怕小栓害怕,所以才商量出这个不教人害怕的办法来。他们硬着头皮去做那害怕的事儿,拿那害怕的东西,只是为了儿子。但他们要尽可能的让儿子不害怕,一来免得他不敢吃,二来免得他吃下去不舒服。所以在重包馒头的时候,华大妈"慌忙说'小栓——你坐着,不要到这里来'"⓬。她正是害怕小栓看见"那红的馒头"⓬——但那是人血馒头,能治病,小栓是知道的。

老栓夫妇唯一关心的是小栓的病。老栓起来的时候,小栓醒了,"里边

的小屋子里,也发出一阵咳嗽"❷。他出门的时候,吹熄灯盏,特地走向里屋子去。小栓又是一通咳嗽。老栓"候他平静下去,才低低的叫"他不要起来,店面由他娘收拾去❷。"听得儿子不再说话,料他安心睡了"❸,老栓才出了门。一个做父亲的这样体贴儿子,也就算入微了。母亲自然更是无微不至。重包馒头时华大妈那句话,上节已引过了。她和小栓说话,给小栓做事,都是"轻轻"的。第二段第三段里见了三回:一回是轻轻说❹,一回是"候他气喘平静,才轻轻的给他盖上了满幅补钉的夹被"❻,又一回是"轻轻的问道"❷。老栓固然也是"低低的叫",但那是在夜里,在一个特殊境地里。华大妈却常是"轻轻"的,老是"轻轻"的,母亲的细心和耐性是更大了。

　　老栓夫妇是粗人,自然盼望人血馒头治好小栓的病,而且盼望马上治好。老栓在街上走的时候,"仿佛一旦变了少年,得了神通,有给人生命的本领似的,跨步格外高远"❸。他的高兴,由于信和望。他拿到那馒头的时候,听得有人问他话。"但他并不答应;他的精神,现在只在一个包上,仿佛抱着一个十世单传的婴儿,别的事情,都已置之度外了。他现在要将这包裹的新的生命,移植到他家里,收获许多幸福"❿。这是一种虔敬的信和望。华大妈的信和望和老栓其实不相上下。"老栓走到家"的时候,她"从灶下急急走出,睁着眼睛,嘴唇有些发抖",问:"得了么?"⓫只这半句话,便是她的整个儿的心。后来她和小栓说,"吃下去罢,——病便好了"❹。又说,"睡一会罢,——病便好了"❻。她盼望小栓的病便会好的。所以小栓又在吃饭的时候,她便"跟着他走,轻轻的问道,'小栓你好些么?——你仍旧只是肚饿?……'"❷"仍旧"这个词表示她的失望,也就是表示她的盼望。她不高兴"听到'痨病'这两个字"⓴,也由于她的盼望;她盼望小栓不是"痨病"。她知道他是,可是不相信他是,不愿意他是,更不愿意别人说他是"痨病"。老栓和她一样的盼望着小栓不是"痨病",可是他走到家,看见小栓坐着吃饭

的样子,"不免皱一皱展开的眉心"⑪。他是男人,自然比华大妈容易看清楚现实些,也比她禁得住失望些。但是他俩对于那个人血馒头却有着共同的信和望。小栓吃下那馒头的时候,"一面立着他的父亲,一面立着他的母亲,两人的眼光,都仿佛要在他身里注进什么又要取出什么似的"⑮。

老两口子这早上真高兴。老栓一直是"笑嘻嘻的"。那花白胡子说了两回:一回在康大叔来到茶馆之前,他说,"我想笑嘻嘻的,原也不像……(生病)"⑰。一回在康大叔来到之后,他说,"怪不得老栓整天的笑着呢"㉑。老栓如此,华大妈可想而知。康大叔来到的当儿,老栓"笑嘻嘻的听",华大妈也"笑嘻嘻的送出茶碗茶叶来,加上一个橄榄"⑲;他俩的笑出于本心。后来康大叔说出"痨病"那两个字,华大妈听到"变了一点脸色","但又立刻堆上笑,搭讪着走开了"⑳,那笑却是敷衍康大叔的。敷衍康大叔,固然也是害怕得罪这等人,多一半还是为了儿子。她谢康大叔的那一句话⑳,感激是真的。他们夫妇俩这早上只惦着馒头,只惦着儿子;很少答别人的话——自然,忙也有点儿。老栓不答应路上人的问话,上文已提过了。烧馒头的时候,驼背五少爷接连问了两回,老夫妇都没有答应;虽然"老栓匆匆走出,给他泡上茶"⑮。花白胡子问,"老栓,你有些不舒服么?——你生病么?"他也只答了"没有"两个字⑰,就打住了。连康大叔来,他都没有说一句话。这早上他夫妇答别人的话只有华大妈的一句和他的半句。奇怪的是,他们有了那么一件高兴的事儿,怎么不赶紧说给人家听呢?——特别在花白胡子向老栓探听似的问着的时候。也许因为那是一个秘方,吃了最好别教人家知道,更灵验些;也许因为那是一件罪过,不教人家知道,良心上责任轻些。若是罪过,不但他俩,小栓也该有分儿。所以无论如何,总还是为了儿子。

小栓终于死了。不用说,老夫妇俩会感到种种"不足和空虚"。但第二年清明节,去上坟的却只有华大妈一个人。这是因为老栓得招呼店面,分不

开身子。他俩死了儿子，可还得活下去。茶馆的生意是很忙的。第三段里说，"店里坐着许多人，老栓也忙了，提着大铜壶，一趟一趟的给客人冲茶"⑰，驼背五少爷也说，"老栓只是忙"⑱，他一个人是忙不开的，得华大妈帮着。所以这一日"天明未久"㉘，她便去上坟，为的是早点回来，好干活儿。她在小栓坟前"哭了一场，化过纸，呆呆的坐在地上；仿佛等候什么似的，但自己也说不出等候什么"㉘。儿子刚死在床上，也许可以不相信，也许还可以痴心妄想的等候他活转来；儿子死后，也许可以等候他到梦里相见。现在是"天明未久"在儿子的坟前，华大妈心里究竟在等候着些什么呢？或者是等候他"显点灵"罢？"微风起来，吹动他短发，确乎比去年白得多了"㉘。半年来的伤心日子，也够她过的了。华大妈如此，老栓也可想而知。她后来看着夏四奶奶在哭，"心里暗暗地想，'这坟里的也是儿子了。'"㉚。所以在夏四奶奶发怔的时候，"便忍不住立起身，跨过小路，低声"劝慰㉛。这种同情正是从"儿子"来的。后来见夏家儿子坟顶上"分明有一圈红白的花"围着㉜，"忙看他儿子和别人的坟，却只有不怕冷的几点青白小花，零星开着"㉝。夏家儿子的坟确有些与众不同，小栓的似乎相形见绌。这使她"忽然感到一种不足和空虚，不愿意根究"㉝。她是在羡慕着，也妒忌着，为了坟里的儿子。但是她还同情的陪着夏四奶奶，直到"上坟的人渐渐增多"㉟，才"想到要走"㊱。她早就该回茶馆帮老栓干活儿，为了同病相怜，却耽搁了这么久，将活儿置之度外。她整个儿的心，还是在"儿子"身上。——以上是亲子之爱正题旨。

副题旨是革命者的寂寞的悲哀。这只从侧面见出。那革命党并没有出面，他的故事是在康大叔的话里，和夏四奶奶的动作里。故事是从那人血馒头引起的。第三段里那花白胡子一面和老栓说（那时华大妈已经"搭讪着走开了"⑳），"原来你家小栓碰到了这样的好运气了"，"一面走到康大叔面

前,低声下气的问道,'康大叔——听说今天结果的一个犯人,便是夏家的孩子,那是谁的孩子?究竟是什么事?'"㉑从这几句话里可以见出那位革命党的处决,事先是相当秘密的;大家只知道那是"夏家的孩子",犯了不寻常的死罪而已。难怪康大叔刚进茶馆"便对老栓嚷道":——"你运气,要不是我信息灵……"⓲。那"信息"自然也是秘密的。他回答花白胡子的第一问:"谁的?不就夏四奶奶的儿子么?那个小家伙!"接着说:"这小东西不要命,不要就是了。我可是这一回一点没有得到好处,连剥下来的衣服,都给管牢的红眼睛阿义拿去了。——第一要算我们栓叔运气;第二是夏三爷赏了二十五两雪白的银子,独自落腰包,一文不花。"㉒这些话并不是回答花白胡子,只是没有得到什么好处,自己有点牢骚罢了。夏三爷独得"二十五两雪白的银子",康大叔羡慕这个。他自然不会忘记老栓的那包洋钱,可是比起"二十五两雪白的银子",那就不算什么了。何况那是一手交钱,一手交货"⑧,而且是他"照顾"⑳老栓的,怎能算是他的好处!他说"信息灵",他说运气了老栓⓲,"第一要算我们的栓叔运气",都是要将人情卖在老栓的身上。但就故事的发展说,这一节话却是重要的关键。那革命党是不出面的。他的故事中的人物,全得靠康大叔的嘴介绍给读者。这儿介绍了夏四奶奶,第四段里那老女人便有着落了。那儿不提起"夏四奶奶",是给华大妈留地步;那一段主要的原是夏四奶奶的动作,假如让华大妈分明的知道了那老女人就是夏四奶奶,她必露出一番窘相。那会妨碍故事的发展。但她听了那老女人"他们都冤枉了你"㉝一番话之后,好像也有些觉得了;"似乎卸了一挑重担"那一句便是从这里来的。这里又介绍了牢头红眼睛阿义和那告官的夏三爷;这些是那片段的故事的重要角色。但康大叔并没有直接回答花白胡子的第二问,他只说"这小东西也真不成东西!关在牢里,还要劝牢头造反"㉔。"关在牢里,还要劝牢头造反",没"关在牢里"的时候,不用说是

在"造反"了;这还不该杀头之罪吗? 不但他该杀头,夏三爷要是"不先告官",连他也会"满门抄斩"呢❷。这就是回答了花白胡子了。至于详细罪状,必是没有"告示";大约只有官知道,康大叔也不会知道的。

康大叔提到那革命党,口口声声是"那个小家伙"❷,"这小东西"❷❷,"贱骨头"❷。那革命党向红眼睛阿义说过"这大清的天下是我们大家的";康大叔说这不是"人话"❷。一面他还称赞"夏三爷真是乖角儿"❷。红眼睛阿义是他一流人,第一是想得好处。他原知道那革命党"家里只有一个老娘,可是没有料到他竟会那么穷,榨不出一点油水,已经气破肚皮了;他还要老虎头上搔痒,便给他两个嘴巴"❷。这儿借着阿义的口附带叙述了那革命党家中的情形。康大叔和阿义除了都想得好处之外,还都认为革命党是"造反",不但要杀头,而且有"满门抄斩"之罪。他们原是些做公的人,这样看法也是当然。那热心的革命党可不管这个,他宣传他的。阿义打他,他并不怕,还说"可怜可怜"呢❷。革命者的气概从此可见。但是一般人是在康大叔阿义这一边儿。那二十多岁的茶客听到说"劝牢头造反",道,"呵呀,那还了得!""很现出气愤模样"❷。那驼背五少爷听到"给他们两个嘴巴",便"忽然高兴起来"说,"义哥是一手好拳棒,这两下,一定够他受用了"❷。那花白胡子听到康大叔"还要说可怜可怜哩"❷那句话,以为那革命党是在向阿义乞怜了,便看不上他似的道,"打了这种东西,有什么可怜呢?"❷经康大叔矫正以后,他"恍然大悟似的说","阿义可怜——疯话,简直是发了疯了"。那二十多岁的人"也恍然大悟的说","发了疯了"。那驼背五少爷后来也"点着头说","疯了"❷。他们三个人原先怎么也想不到"可怜可怜"是指阿义说的,所以都是"恍然大悟"的样子。那三个茶客代表各种年纪的人。他们也都相信"造反"是大逆不道的;他们和康大叔和阿义一样,都觉得"那小东西也真不成东西"❷,而且"简直是发了疯了"。——"疯子"这名目是"吃

人"的巧妙的借口;这是封建的社会的"老谱"。《狂人日记》里也早已说过了的。——这就无怪乎夏家的亲戚早不上他家来了❸。(夏四奶奶"亲戚本家早不来了"这句话里的"来"字不大清楚;若说"来往",就没有歧义了。)其实就是夏四奶奶,她对于革命党的意见,也还是个差不多。不过她不信她儿子是的。她说,"瑜儿,他们都冤枉了你",又说,"可怜他们坑了你"。她甚至疑心他坟顶上那"一圈红白的花"是"特意显点灵"要她知道的。她是爱她的儿子,可是并没有了解她的儿子。革命者是寂寞的,这样难得了解和同情的人! 幸而,还不至于完全寂寞,那花圈便是证据。有了送花圈的人,这社会便还没有死透,便还是有希望的。鲁迅先生在《呐喊》序里说,他不愿意抹杀人们的希望,所以"不恤用了曲笔平空添上"一个花圈在瑜儿的坟上。这是他的创作的态度。第四段是第一个故事的结尾,尤其是第二个故事的结尾。这里主要的是夏四奶奶的动作;可是用了"亲子之爱"这个因子,却将她的动作和华大妈的打成一片了。

通常说短篇小说只该有"一个"题旨,才见得是"经济的"。这句话不能呆看。正题旨确乎是只能有"一个",但是正题旨以外不妨有副题旨。副题旨若能和正题旨错综糅合得恰到好处,确有宾主却又像不分宾主似的,那只有见得更丰厚些,不会松懈或枝蔓的。这一篇便可以作适当的例子。再有,小说虽也在叙述文和描写文类里,跟普通的叙述文和描写文却有些不同之处。它得有意念的发展。普通的叙述文和描写文自然也离不了意念;可得跟着事实,不能太走了样子,意念的作用不大。小说虽也根据事实,却不必跟着事实;不但选择有更多的自由,还可以糅合融铸,发展作者的意念。这里意念的作用是很大的。题旨固然是意念的发展,取材和词句也都离不了意念的发展。即使是自然派的作家,好像一切客观,其实也还有他们的意念。不然,他们为什么写这种那种故事,为什么取这件那件材料,为什么用

这些那些词句,而不写、不取、不用别的,就难以解释了。这种意念的发展在短篇小说里作用尤其大。短篇小说里意念比较单纯,发展的恰当与否最容易见出。所谓"经济的"便是处处紧凑,处处有照应,无一闲笔;也便是意念发展到恰好处。本篇题旨的发展,上文已经解析。取材和词句却还有可说的。

本篇副题旨的取材,《呐喊》序里的话已够说明。鲁迅先生的创作是在五四前后所谓启蒙时代(本篇作于民国八年四月)。他的创作的背景大部分是在清末民初的乡村或小城市里。所谓农村的社会或封建的社会,便是这些。鲁迅先生所以取材于这些,一方面自然因为这些是他最熟悉的,一方面也因为那是一个重新估定价值的时代,他要以智慧的光辉照彻愚蠢的过去。他是浙江绍兴人,他却无意于渲染地方的色彩;这是他在《我的创作经验》一文里曾经暗示了的。本篇的正题旨发展在人血馒头的故事里,正因为那故事足以表现农村的社会——愚蠢的过去。这故事包括三个节目:看杀头,吃人血,坐茶馆。看杀头的风俗代表残酷,至少是麻木不仁。《呐喊》序里说日俄战争时在日本看到一张幻灯片,是日本人捉着了一个替俄国作侦探的中国人,正在杀头示众,围着看热闹的都是些中国人。鲁迅先生很可怜我们同胞的愚蠢,因此改了行,学文学,想着文学也许有改变精神的用处。本篇描写那杀场的观众,还是在这种情调里。这是从老栓的眼里看出:"老栓也向那边看,却只见一堆人的后背;颈项都伸得很长,仿佛许多鸭,被无形的手捏住了的,向上提着"❾。这些观众也真够热心的了。

吃人血的风俗代表残酷和迷信。老栓拿到那馒头的时候,"似乎听得有人问他,'这给谁治病的呀?'"❿。可见人血馒头治痨病还是个相当普遍的秘方,这也就是风俗了。老栓和华大妈都信仰这个秘方,到了虔敬的程度。小栓也差不多,他撮起那烧好的黑馒头,"似乎拿着自己的性命一般"⓯。康

大叔说了四回"包好！"❷❷❷两回是向老栓夫妇说的，两回是向小栓说的。虽然不免"卖瓜的说瓜甜"，但相信也是真的。那花白胡子也向老栓说，"原来你家小栓碰到了这样的好运气了。这病自然一定全好"❷。一半儿应酬康大叔和老栓夫妇，至少一半儿也相信。可是后来小栓终于死了！——老栓夫妇虽然相信，却总有些害怕；他们到底是安分良民，还没有那分儿残酷。他们甚至于感觉到这是一桩罪过似的。老栓方面，上文已提过了。第四段里说，"华大妈不知怎的，似乎卸下了一挑重担，便想到要走"❸。原来她听了夏四奶奶向坟里的儿子一番诉说之后，似乎便有些觉得面前的老女人是谁，她那坟里的儿子又是谁了。想着自己儿子吃过人家儿子的血，不免是一桩罪过，这就是她良心上的"一挑重担"。在两人相对的当儿，夏四奶奶虽然根本未必知道血馒头这回事，可是华大妈的担子却有越来越重的样子。"上坟的人渐渐增多，几个老的小的，在土坟间出没"❸。夏四奶奶的注意分开了，不只在坟里的儿子和面前的华大妈身上了，华大妈这才"似乎卸下了一挑重担"。老栓夫妇的内疚若是有的，那正是反映吃人血的风俗的残酷的。《狂人日记》里不断提起吃人，固然是指着那些吃人的"仁义道德"说的，可也是指着这类吃人的风俗说的。那儿有"一直吃到徐锡麟"的话，徐锡麟正是革命党。那儿还说"去年城里杀了犯人，还有一个生痨病的人用馒头蘸着血舐"。这些都是本篇的源头——带说一句，本篇的"夏瑜"似乎影射着"秋瑾"；秋瑾女士也是绍兴人，正是清末被杀了的一位著名的革命党。这人血馒头的故事是本篇主要的故事，所以本篇用"药"作题目。这一个"药"字含着"药"（所谓"药"）"药？""药！"三层意思。

坐茶馆，谈天儿，代表好闲的风气。茶客们有些没有职业的，可以成天的坐着，驼背五少爷便是例子。"这人每天总在茶馆里过日，来得最早，去得最迟"❸，可以算是茶客的典型。那时就是有职业的人，在茶馆里坐一个上

午或一个下午也是常见的。这些人闲得无聊,最爱管闲事。打听新闻,议论长短,是他们的嗜好,也是他们的本领。没有新闻可听,没有长短可论的时候,他们也能找出些闲话来说着。本篇第二段里烧馒头的时候,驼背五少爷问,"好香!你们吃什么点心呀?"没有人答应。可是他还问,"炒米粥么?"仍然没人答应,他这才不开口了。找人搭话正是茶客们的脾气。第三段里那花白胡子看见老栓眼眶围着一圈黑线,便问,"老栓,你有些不舒服么?——你生病么?"老栓回答"没有"。他又说,"没有?——我想笑嘻嘻的,原也不像……"这是"取消了自己的话"❶❼。这些都是没话找话的费话。康大叔来到以前,驼背五少爷提到小栓,那是应酬老栓的。康大叔来到以后,花白胡子也提到小栓,那是应酬康大叔和老栓的。这里面也有多少同情,但找题目说话,也是不免的。花白胡子向康大叔一问,这才引起了新闻和议论。那些议论都是传统的,也不负责任的。说来说去,无非是好闲就是了。

本篇的节目,大部分是用来暗示故事中人物的心理的,从上文的解析里可以见出。但在人物、境地、事件的安排上也不忽略。这些也都是意念的发展。第一段和第四段的境地都是静的,静到教人害怕的程度。老栓走到街上,"街上黑沉沉的一无所有";"有时也遇到几只狗,可是一只也没有叫"❸。夜的街真太静了,忽然来了个不出声的人,狗也害怕起来,溜过一边或躲在一边去了;老栓吃了两回惊,一半是害怕那地方,那种人,一半也是害怕那静得奇怪的夜的街。甚至那杀场,也只"似乎有点声音",也只"轰的一声"❾;这并不足以打破那奇怪的静。这个静是跟老栓的害怕,杀头和吃人血的残酷,应合着的。第四段开场是"层层叠叠"的"丛冢"㉗中间,只放着两个不相识的女人。那也是可怕的静,虽然是在白天。所以华大妈和夏四奶奶开始搭话的时候都是"低声"㉛㉜;"低声"便是害怕的表现。后来夏四奶奶虽然"大声"向她的瑜儿说了一番话㉝,但那是向鬼魂说的,也不足以打破那个

药

静。那时是：微风早经停息了；枯草支支直立，有如铜丝。一丝发抖的声音，在空气中愈颤愈细，细到没有，周围便都是死一般静。两人站在枯草丛里，仰面看那乌鸦；那乌鸦也在笔直的树枝间，缩着头，铁铸一般站着"❸❹。那"一丝发抖的声音"便是夏四奶奶那节话的余音。后来"上坟的人渐渐增多"❸❺，可是似乎也没有怎样减除那个静的可怕的程度。本篇最后一节是这样："他们走不上二三十步远，忽听得背后'哑——'的一声大叫；两个人都竦然的回过头，只见那乌鸦张开两翅，一挫身直向着远处的天空，箭也似的飞去了"。这"竦然的"一面自然因为两人疑心鬼魂当场显灵，一面还是因为那坟场太静了。这个静是应合着那丛冢和那两个伤心的母亲的。配着第一段第四段的静的，是第二段第三段的动；动静相变，恰像交响曲的结构一般。

小栓的病这节目，只在第二段开始写得多一些；那是从老栓眼中见出他的瘦。但在本篇前三段里随时都零星的穿插着。咳嗽，"肚饿"，流汗，构成他的病象。咳嗽最明显，共见了六次❷⓯⓴㉓㉖；"肚饿"从吃饭见，流汗也是在吃饭的时候；这两项共同见了两次⓫㉕。这样，一个痨病鬼就画出来了。康大叔是刽子手；他的形状，服装，举动，言谈，都烘托出来他是一个什么样的人。他那"像两把刀"的"眼光"，那"大手"❽，那"满脸横肉"⓲，高兴时便"块块饱绽"的㉒，已经够教人认识他了，再加"被（披）一件玄色布衫，散着纽扣，用很宽的玄色腰带，胡乱捆在腰间"⓲，便十足见出是一个凶暴的流浪汉。他将那人血馒头送到老栓面前的时候，说的话❽❾，以及"摊着""一只大手"❽，以及"抢过灯笼，一把扯了纸罩，裹了馒头，塞与老栓，一手抓过洋钱，捏一捏"❾的情形，也见出是一个粗野的人。他到了茶馆里，一直在嚷⓲⓴，在"大声"说话㉒。他说话是不顾到别人的。他没有顾老栓夫妇忌讳"痨病"这两个字。华大妈"搭讪着走开了"，他还"没有觉察，仍然提高喉咙只是嚷，嚷得里面睡着的小栓也合伙咳嗽起来"⓴。第三段末尾，小栓又

59

在咳嗽,"康大叔走上前拍他的肩膀说:——'包好! 小栓——你不要这么咳。包好!'"这都是所谓不顾别人死活,真粗心到了家。他又是个唯我独尊的人,至少在这茶馆里。那花白胡子误会了"可怜"的意思,他便"显出看不上他的样子,冷笑着说,'你没有听清我的话'"㉕。在本篇里,似乎只有康大叔是有性格的人,别的人都是些类型。本篇的题旨原不在铸造性格,这局面也是当然的。

第三段里茶客们和康大叔的谈话是个难得安排的断片或节目。这儿似乎很不费力的从正题旨引渡到副题旨,上文也已提到了。谈话本可以牵搭到很远的地方去;但是慢慢的牵搭过去,就太不"经济的"。这儿却一下就搭上了。副题旨的发展里可又不能喧宾夺主,冷落了正题旨。所以康大叔的话里没将老栓撂下;小栓更是始终露着面儿。茶客参加谈话的不能太多,太多就杂乱了,不好收拾了;也不能全是没露过面的,不然前后就打成两橛了。这儿却只有三个人;那驼背五少爷和花白胡子是早就先后露了面的⓭⓱,只加了那"一个二十多岁的人"㉔。这些人都"恭恭敬敬的"⓳"耸起耳朵"㉒听康大叔的话。"恭恭敬敬的",也许因为大家都有一些害怕这个粗暴的人;"耸起耳朵",因为是当地当日的新闻,大家都爱听。——那花白胡子去问康大叔的时候,"低声下气的"㉑,也是两方面都有点儿。这样,场面便不散漫,便不漏了。但是谈话平平的进行下去,未免显得单调。这儿便借着"可怜可怜"那句话的歧义引出一番波折来。康大叔"冷笑着"对花白胡子说明以后,"听着的人的眼光忽然有些板滞;话也停顿了"㉕。这是讨了没趣;是满座,不止那三个人。可是花白胡子和那二十多岁的人"恍然大悟",将罪名推到那革命党身上以后,大家便又轻松了,——不是他们没有"听清"康大叔的话,是那革命党"发了疯了",才会说那样出人意外的话。于是"店里的坐客便又现出活气,谈笑起来"。但这个话题也就到此而止。那悟得慢一些的驼背五少爷"点着头说"的半句"疯了",恰巧是个尾声,结束了这番波折,也结

束了这场谈话。

词句方面，上文已经提到不少，还有几处该说明的。第一段末尾，"太阳也出来了；在他面前，显出一条大道，直到他家中，后面也照见丁字街头破匾上'古□亭口'这四个黯淡的金字"。这些并不是从老栓眼里看出；这是借他回家那一条大道描写那小城市。匾已破了，那四个金字也黯淡了；其中第二个字已经黯淡到认不出了。这象征着那小城市也是个黯淡衰颓的古城市；那些古旧的风俗的存在正是当然。第二段小栓吃下那馒头，"却全忘了什么味"❶。他知道这是人血馒头，"与众不同"，准备着有些异味；可是没有，和普通的烧馒头一样。烧馒头的味是熟习的，没有什么特别值得注意，所以觉得"全忘了什么味"。这儿小栓似乎有些失望似的。第三段"这康大叔却没有觉察"❷，"康大叔"上加"这"字是特指。"康大叔"这称呼虽已见于华大妈的话里❷，但在叙述中还是初次出现，加"这"字表示就是华大妈话里的那个人，一方面也表示就是那凶暴粗野的流浪汉的刽子手。又，"夏三爷赏了二十五两雪白的银子"，是官赏了他银子。第四段夏四奶奶"见华大妈坐在地上看他，便有些踌躇，惨白的脸上现出些羞愧的颜色；但终于硬着头皮，走到左边的一座坟前，放下了篮子"❷。这儿路的"右边是穷人的丛冢"，小栓的坟便在其中，"左边都埋着死刑和瘐毙的人"❷❷。夏四奶奶穷，不能将儿子埋在别处，便只得埋在这块官地的左边坟场里。她可不愿意人家知道她儿子是个死刑的犯人。她"天明未久"❷就来上坟，原是避人的意思。想不到华大妈比她还早，而且已经上完了坟，"坐在地上看他"。这一来她儿子和她可都得现底儿了。她踌躇，羞愧，便是为此。但既然"三步一歇的走"来了❷，那有回去的道理！到底还是上坟要紧，面子上只好不管了；所以她"终于硬着头皮走"过去了。后来她"大声"说的一番话❸，固然是给她儿子说的，可也未尝没有让华大妈听听的意思——她儿子是让人家"冤枉了""坑了"，他实在不是一个会犯罪的人。第四段主要的是夏四奶奶的动作。这里

也见出他的亲子之爱,他的(和华大妈的)迷信。但本段重心还在那个花圈上。鲁迅先生有意避免"花圈"这个词,只一步一步的烘托着。从夏四奶奶和华大妈的眼睛里看,"红白的花……也不很多,圆圆的排成一个圈,不很精神,倒也整齐"。又从夏四奶奶嘴里说,"这没有根,不像自己开的!"❸❹这似乎够清楚了。可是有些读者总还猜不出是什么东西。也许在那时代那环境里,这东西的出现有些意外,读者心理上没有准备着,所以便觉得有点晦。若是将"花圈"这个词点明一下,也许更清楚些。夏四奶奶却看得那花圈有鬼气,两回"自言自语的说","这是怎么一回事呢?"❸❼但她的(和华大妈的)迷信终于只是迷信,那乌鸦并没有飞上她儿子的坟顶,却直向着远处的天空飞去了❸❽。

二

鲁迅先生关于亲子之爱的作品还有《明天》和《祝福》,都写了乡村的母亲。她们的儿子一个是病死了,一个是被狼衔去吃了;她们对于儿子的爱都是很单纯的。可是《明天》用亲子之爱作正题旨;《祝福》却别有题旨,亲子之爱的故事只是材料。另有挪威别恩孙(Bjornson)的《父亲》,有英译本和至少六个中译本。那篇写一个乡村的父亲对于他独生子的爱,从儿子受洗起到准备结婚止,二十四五年间,事事都给他打点最好的。儿子终于过湖淹死了。他打捞了整三日三夜,抱着尸首回去。后来他还让一个牧师用儿子的名字捐了一大笔钱出去。别恩孙用的是粗笔,句子非常简短,和鲁迅先生不同,可是不缺少力量。关于革命党的,鲁迅先生还有著名的《阿Q正传》,那篇后半写着光复时期乡村和小城市的人对于革命党的害怕和羡慕的态度,跟本篇是一个很好的对照。这些都可以参看。

我所知道的康桥

徐志摩

❶康桥的灵性全在一条河上。康河,我敢说,是全世界最秀丽的一条河水。河身多的是曲折。上游是有名的拜伦潭,当年拜伦常在那里玩的。有一个老村子叫格兰骞斯德,有一个果子园,你可以躺在累累的桃李树荫下吃茶,花果会掉入你的茶杯,小雀子会到你桌上来啄食,那真是别有一番天地。这是上游,下游是从骞斯德顿下去,河面展开,那是春夏间竞舟的场所。上下河分界处有一个坝筑,水流得很急。在星光下听水声,听近村晚钟声,听河畔倦牛刍草声,是我康桥经验中最神秘的一种:大自然的优美宁静,调谐在这星光与波光的默契中,不期然的淹入了你的性灵。

❷这河身的两岸都是四季常青最葱翠的草坪。从

63

校友居的楼上望去,对岸草场上,不论早晚,永远有数十匹黄牛与白马,胫蹄没在恣蔓的草丛中,从容的在咬嚼。星星的黄花在风中动荡,应和着它们尾鬃的扫拂。桥的两端有斜倚的垂柳与椈荫护住。水是澈底的清澄,深不足四尺,匀匀的长着长条的水草。这岸边的草坪又是我的爱宠,在清晨,在傍晚,我常去这天然的织锦上坐地,有时读书,有时看水,有时仰卧着看天空的行云,有时反仆着搂抱大地的温软。

❸但河上的风流还不止两岸的秀丽。你得买船去玩。船不止一种:有普通的双桨划船,有轻快的薄皮舟,有最别致的长形撑篙船。最末的一种是别处不常有的:约莫有二丈长,三尺宽,你站直在船梢上用长竿撑着走的。这撑是一种技术。我手脚太蠢,始终不曾学会。你初起手尝试时,容易把船身横住在河中,东颠西撞的狼狈。英国人是不轻易开口笑人的,但是小心他们不出声的皱眉! 也不知有多少次,河中本来悠闲的秩序叫我这莽撞的外行给捣乱了。我真的始终不曾学会。每回我不服输跑去租船再试的时候,有一个白胡子的船家往往带讥讽的对我说:"先生,这撑船费劲,天热累人,还是拿个薄皮舟溜溜吧!"我哪里肯听话,长篙子一点就把船撑了开去,结果还是把河身一段段的腰斩了去!

❹你站在桥上去看人家撑,那多不费劲,多美! 尤其在礼拜天,有几个专家的女郎,穿一身缟素衣服,裙裾在风前悠悠的飘着,戴一顶宽边的薄纱帽,帽影在水草间颤动,你看她们出桥洞时的姿态,捻起一根竟像没分量的长竿,只轻轻的不经心的往波心里一点,身子微微的一蹲,这船身便波的转出了桥影,翠条鱼似的向前滑了去。她们那敏捷,那闲暇,那轻盈,真是值得歌咏的。

❺在初夏阳光渐暖时,你去买一只小船,划去桥边荫下躺着,念你的书或是做你的梦,槐花香在水面上飘浮,鱼群的唼喋声在你的耳边挑逗。或是

在初秋的黄昏，迎着新月的寒光，望上流僻静处远去。爱热闹的少年们携着他们的女友，在船沿上支着双双的东洋彩纸灯，带着话匣子，船心里用软垫铺着，也开向无人迹处去享他们的野福——谁不爱听那水底翻的音乐在静定的河上描写梦意与春光！

❻住惯城市的人不易知道季候的变迁。看见叶子掉知道是秋，看见叶子绿知道是春，天冷了装炉子，天热了拆炉子，脱下棉袍，换上夹袍，脱下夹袍，穿上单袍：不过如此罢了！天上星斗的消息，地上泥土里的消息，空中风吹的消息，都不关我们的事。忙着哪，这样那样事情多着，谁耐烦管星星的移转，花草的消长，风云的变幻？同时我们抱怨我们的生活，苦痛、烦闷、拘束、枯燥，谁肯承认做人是快乐？谁不多少间咒诅人生？

❼但不满意的生活大都是由于自取的。我是一个生命的信仰者，我信生活绝不是我们大多数人仅仅从自身经验推得的那样暗惨。我们的病根，是在"忘本"。人是自然的产儿，就比枝头的花与鸟是自然的产儿，但我们不幸是文明的人，入世深似一天，离自然远似一天。离开了泥土的花草，离开了水的鱼，能快活吗？能生存吗？从大自然，我们取得我们的生命，从大自然，我们应分取得我们继续的滋养。那一株婆娑的大木没有盘错的根柢深入在无尽藏的地里？我们是永远不能独立的。有幸福是永远不离母亲抚育的孩子，有健康是永远接近自然的人们。不必一定与鹿逐游，不必一定回"洞府"去，为医治我们当前生活的枯窘，只要"不完全遗忘自然"一张轻淡的药方，我们的病象就有缓和的希望。在青草里打几个滚，到海水里洗几次浴，到高处去看几次朝霞与晚照——你肩背上的负担就会轻松了去的。

❽这是极肤浅的道理，当然。但我要没有过过康桥的日子，我就不会有这样的自信。我这一辈子就只那一春，说也可怜，算是不曾虚度。就只那一春，我的生活是自然的，是真愉快的（虽则碰巧那也是我最感受人生痛苦的

时期）。我那时有的是闲暇，有的是自由，有的是绝对单独的机会。说也奇怪，竟像是第一次，我辨认了星月的光明，草的青，花的香，流水的殷勤。我能忘记那初春的睥睨吗？曾经有多少个清晨，我独自冒着冷去薄霜铺地的林子里闲步——为听鸟语，为盼朝阳，为寻泥土里渐次苏醒的花草，为体会最微细最神妙的春信。啊，那是新来的画眉在那边啁不尽的青枝上试它的新声！啊，这是第一朵小雪球花挣出了半冻的地面！啊，这不是新来的潮润沾上了寂寞的柳条？

❾静极了，这朝来水溶溶的大道，只远处牛奶车的铃声点缀这周遭的沉默。顺着这大道走去，走到尽头，再转入林子里的小径，往烟雾浓密处走去，头顶是交枝的榆荫，透露着漠楞楞的曙色。再往前走去，走尽这林子，当前是平坦的原野，望见了村舍，初青的麦田，更远三两个馒形的小山掩住了一条通道。天边是雾茫茫的，尖尖的黑影是近村的教寺。听，那晓钟和缓的清音！这一带是此邦中部的平原，地形像是海里的轻波，默沉沉的起伏。山岭是望不见的，有的是常青的草原与沃腴的田壤。登那土阜上望去，康桥只是一带茂林，拥戴着几处婷婷的尖阁。妩媚的康河也望不见踪迹，你只能循着那锦带似的林木想象那一流清浅。村舍与树木是这地盘上的棋子，有村舍处有佳荫，有佳荫处有村舍。这早起是看炊烟的时辰：朝雾渐渐的升起，揭开了这灰苍苍的天幕（最好是微霞后的光景），远近的炊烟，成丝的，成缕的，成卷的，轻快的，迟重的，浓灰的，淡青的，惨白的，在静定的朝气里渐渐的上腾，渐渐的不见，仿佛是朝来人们的祈祷参差的翳入了天听。朝阳是难得见的，这初春的天气。但它来时是起早人莫大的愉快。顷刻间这田野添深了颜色，一层轻纱似的粉糁上了这草，这树，这通道，这庄舍。顷刻间这周遭弥漫了清晨富丽的温柔。顷刻间你的心怀也分润了白天诞生的光荣。"春！"这胜利的晴空仿佛在你的耳边私语。"春！"你那快活的灵魂也仿佛在那里

回响。

⑩伺候着河上的风光,这春来一天有一天的消息。关心石上的苔痕,关心败草里的花鲜,关心这水流的缓急,关心水草的滋长,关心天上的云霞,关心新来的鸟语。怯怜怜的小雪球是探春信的小使。铃兰与香草是欢喜的初声。窈窕的莲馨,玲珑的石水仙,爱热闹的克罗克斯,耐辛苦的蒲公英与雏菊——这时候春光已是缦烂在人间,更不烦殷勤问讯。

⑪瑰丽的春光!这是你野游的时期。可爱的路政!这里不比中国,那一处不是坦荡荡的大道。徒步是一个愉快,但骑自转车是一个更大的愉快。在康桥,骑车是普遍的技术,妇人,稚子,老翁,一致享受这双轮舞的快乐(在康桥,听说自转车是不怕人偷的,就为人人都自己有车,没人要偷)。任你选一个方向,任你上一条通道,顺着这带草味的和风,放轮远去,保管你这半天的逍遥是你性灵的补剂。这道上有的是清荫与美草,随地都可以供你休憩。你如爱花,这里多的是锦绣似的草原。你如爱鸟,这里多的是巧啭的鸣禽。你如爱儿童,这乡间到处是可亲的稚子。你如爱人情,这里多的是不嫌远客的乡人,你到处可以"挂单"借宿,有酪浆与嫩薯供你饱餐,有夺目的果鲜恣你尝新。你如爱酒,这乡间每"望"都为你储有上好的新酿,黑啤如太浓,苹果酒姜酒都是供你解渴润肺的。……带一卷书,走十里路,选一块清净地,看天,听鸟,读书。倦了时,和身在草绵绵处寻梦去——你能想像更适情更适性的消遣吗?

⑫陆放翁有一联诗句:"传呼快马迎新月,却上轻舆趁晚凉。"这是做地方官的风流。我在康桥时虽没马骑,没轿子坐,却也有我的风流:我常常在夕阳西晒时,骑了车迎着天边扁大的日头直追。日头是追不到的,我没有夸父的荒诞,但晚景的温存却被我这里偷尝了不少。有三两幅画图似的经验至今还是栩栩的留着。只说看夕阳,我们平常只知道登山或临海,但实际只

须辽阔的天际，平地上的晚霞有时也是一样的神奇。有一次我赶到一个地方，手把着一家村庄的篱笆，隔着一大田的麦浪，看西天的变幻。有一次是正冲着一条宽广的大道，过来一大群羊，放草归来的，偌大的太阳在它们后背放射着万缕的金辉，天上却是乌青青的，只剩这不可逼视的威光中的一条大路，一群生物！我心头顿时感着神异性的压迫，我真的跪下了，对着这冉冉渐曙的金光。再有一次是更不可忘的奇景。那是临着一大片望不到头的草原，满开着艳红的罂粟，在青草里，亭亭的像是万盏的金灯，阳光从褐色云里斜着过来，幻成一种异样的紫色，透明似的不可逼视，刹那间，在我迷眩了的视觉中，这草田变成了……不说也罢，说来你们也是不信的！

❸一别二年多了，康桥，谁知我这思乡的隐忧！也不想别的，我只要那晚钟撼动的黄昏，没遮拦的田野，独自斜倚在软草里，看第一个大星在天边出现！

指导大概

这一篇是叙述景物的文字。要叙述景物，作者先得熟悉那景物。不然，材料就没有了。叙述什么呢？既已熟悉了那景物，叙述起来，手法却不止一种。作者先在意念中画下一张景物的平面图，又在那图上圈出值得叙述的若干点来，于是用文字代替颜料，按照方向与位置逐点逐点画出来给读者看，作者自己却并不露脸，正像执着画笔的画家自身处在画幅以外一样：这是一种手法。作者当初在景物之中东奔西跑，左顾右盼，官能方面接受种种的感觉，心灵方面留下深深的印象，他觉得这一份受用不容一个人独享，须得分赠给读者，于是把当时的一切毫不走样地叙述下来，他自己当然担任了篇中的主人公：这又是一种手法。本篇采用的是后一种手法，那是一望而

知的。

本篇作者对于康桥的景物不只是熟悉，那比较熟悉更进一步，他简直曾经沉溺在康桥的景物中间。因此，他告诉读者的不单是康桥的景物，并且是景物怎样招邀他，引诱他，他怎样被景物颠倒与陶醉。换一句说，他告诉读者的是他与康桥一番永远不能忘记的交情。这就规定了他所采用的手法，也就使这篇文字必得在叙述之中，带着抒情的气氛。要是他采用前一种手法，冷静地画出一幅康桥来，那只好把那一番交情牺牲了。可是他不但不愿意牺牲那一番交情，而且非常宝贵那一番交情，这篇文字可以说为了这一点才写的。他就不得不用一种热情的活泼的笔调：像对着一个极熟的朋友讲述他的游程，称心随意，无所不谈，没有一点拘束，谈到眉飞色舞的时候，无妨指手画脚，来几声出神的愉快的叫唤。这样写来，景物之中有作者，作者心中有景物，错综变化，把景物与心情混成一片，那一番交情也就在这上头见出了。

因此，这篇文字的文体绝不能是严谨的，而必然是自由的。想到什么就写什么，怎样想到就怎样写，它差不多自由到这个地步。正统的古文家作游记，当然不肯也不能用这种文体。现代作家对于文学的观念虽说解放多了，但作起游记来，也未必都会像这一篇的自由。大概本篇作者所以能写成这样的文体，一半从他的品性，一半从他的教养。他是个偏于感情的人，热情奔放，往往自己也遏制不住。他通西洋文学，西洋文学中有所谓"散文"的一个部门，娓娓而谈，舒展自如，在自来我国文学中是不很发达的。他那品性与教养交叉在一点，就产生了他的自由的文体。

但是，仅仅说想到什么就写什么，怎样想到就怎样写，是不够的。果真这样，一篇文字不将成为在古墙上乱爬的藤蔓吗？原来控制还是需要的，线索还是不能没有的；不过工夫到了纯熟的地步，控制的痕迹不能在字里行间

显明地看出;线索也若有若无,这就教人看来好像是完全自由的了。

现在试看,本篇是由什么控制着的?不就是前面说起的作者与康桥的一番交情吗?所以说河水,说草场,说船,说春景……等等,都不作客观的叙述,而全从作者与它们的关系上出发。作者工夫纯熟了,对于这种控制也许并不自觉;但研究这篇文字的人应该知道,如果没有这种控制,文字也许会见得散漫。"散漫"与"自由"好像差得不远,然而实际上是相去千万里了。

再看,作者的意念怎样发展而成为这一篇的形式。他要把康桥的种种告诉读者,当然先得提起康桥。但康桥地方最吸引他的感兴的是那条康河,提起康桥便想到了康河。在上游那个果子园里吃茶的情景也想起来了,在上下河分界处那个坝筑旁边静听的经验也想起来了。于是从河身想到河两岸的草场,在草场上他享受到许多的快适,而河上坐船的快适,趣味又各别。想到船,他自己撑船的经验立刻涌上了心头,他只能"把船身横住在河中,东颠西撞的狼狈"。看人家撑可不然了,尤其看"专家的女郎"撑,那印象真是不可磨灭的。这才回转去想坐船的趣味,——与在草场上坐的不同。——以上的线索虽然曲折,并不是一直的,但总之贴切着那条河。就写成的文字说,便是从第一段到第五段。以下作者想开去了。他想到"住惯都市的人"不关心自然界的变化,同时"不肯承认做人是快乐",或多或少不免"咒诅人生"。他以为这大都是自取其咎,正因离开了自然,才有这种"病象","只要'不完全遗忘自然'","病象就有缓和的希望"。这似乎想得太远了,可是并不远,只因他在康桥过过一春(本篇里的"春"是照外国算法。指三四五三个月而言,须注意),与康桥有了一番深密的交情,他才对于上面那个"极肤浅的道理"有了"自信"。"星月的光明,草的青,花的香,流水的殷勤",原是平时接触惯的;然而在康桥"竟像是第一次""辨认",可见平时的接触实在算不得接触,而在康桥的"辨认",给与他性灵上的补益是多么大了。于是,他想

到春朝的景色,在那景色中,仿佛听到"晴空"与自己的"灵魂"互相应答,声声叫唤着"春!"他又想到春天的花信,从春光起初透露直到春光"缦烂在人间"、"一天有一天的消息"。他又想到春天骑着自转车出去"游行",到处可以欣赏,到处可以休憩,到处有温厚的人情与丰美的饮食,"适情""适性",其乐无比。他又想到春天傍晚,对着"辽阔的天际"看夕阳,"有三两幅画图似的经验"竟带着神秘性,教他陷入迷离惝悦的境地。——以上是想了开去而回转到康桥的春天,从康桥的春天推演出平列的四项来,就是朝景、花信、野游与晚景。就写成的文字说,便是从第六段到第十二段。以下是结束了。他所以把康桥的种种告诉读者,原来因为康桥与他有这么一番深密的交情,真像他自己的家乡一样;他与它"一别二年多",禁不住起了"思乡的隐忧",他要读者知道他怀着这么一腔"隐忧"。口里说"谁知我",正是希望人家知道他。"思乡"自然想回去;如果回到康桥,"看第一个大星在天边出现",那"隐忧"就消除了。这远远应接着开始的意念,他在开头不是说"在星光下……是我康桥经验中最神秘的一种"吗?就写成的文字说,便是末了一段。

以上说明了这篇文字虽则自由,可不是漫无控制的自由,稍稍用心一点看,线索也很分明。现在试看:本篇热情的活泼的笔调是怎样构成的?阅读这篇文字,一定会立刻注意到,它使用着许多"排语"。在开头第一段,"花果会掉入你的茶杯,小雀子会到你桌上来啄食",与"在星光下听水声,听近村晚钟声,听河畔倦牛刍草声",就是两组排语。第二段里有"在清晨,在傍晚",与"有时读书,有时看水,有时仰卧着看天空的行云,有时反仆着搂抱大地的温软"两组。第四段里有"那多不费劲,多美!"与"她们那敏捷,那闲暇,那轻盈"两组。以下几段里还有很多,也不须逐一指出。人对于某事物有热烈深切的感触的时候,往往会一而再,再而三地申说。所以文字里使用着排语,足以表示出热情。这样再三申说当然是严谨与平板的反面,所以又足以

表示出活泼。读者读了这种排语,自会引起一种感觉:仿佛一面经作者尽兴指点,一面听作者娓娓谈说。试看第八段里"啊,那是新来的画眉在那边啭不尽的青枝上试它的新声!啊,这是第一朵小雪球花挣出了半冻的地面!啊,这不是新来的潮润沾上了寂寞的柳条?"那一组,读者读了,不是仿佛觉得自己也置身其境,一同在那里听画眉的新声,一同在那里发现第一朵的小雪球花,一同在那里看新来的潮润沾上了寂寞的柳条吗?——这一节是说作者使用排语,是构成他那热情的活泼的笔调的一个因素。

本篇里出现了许多"你"字,这也会立刻注意到。"你"是谁?无论谁读到这篇文字,作为这篇文字的读者,这个"你"就是他。再推广开来说,这个"你"也就是作者自己,也就是"我"。为什么指称着读者,"你"呀"你"地叙述呢?为什么分身为二,把自己也称为"你"呢?一般文字原是认读者作对象的,提起笔来写文字,就好比面对着读者说话,虽不用"你"字,实则随处有"你"含在里头。现在明用"你"字,就见得格外亲切,仿佛作者与读者之间有着亲密的友谊,向来是"尔汝相称"的。以上是对于前一个问题的解答。这篇文字所写的原是作者自己在康桥的经验,但作者不想专有那经验,他拿来贡献给读者,于是在某一些地方用"你"字换去了"我"字。这使读者读了更觉得欢喜高兴,禁不住凝神想道:"如果身在康桥,这一份受用完全是我的呀!"以上是对于后一个问题的解答。像这样使用"你"字,并不是作者故意使花巧,语言中原来有这种习惯的。作者适当应用这种习惯,也是构成他那热情的活泼的笔调的一个因素。

第三个因素可以说的是:他多从感觉印象上着笔。那些感觉印象曾经深深地打动他,他就把它们照样写出来,笔调之中自然含着许多情趣,见得活泼生动了。譬如第一段里的"花果掉入茶杯"、"小雀子到桌上来啄食",这是个包含着视觉、听觉、触觉、味觉、嗅觉的复杂印象。若不是那果子园花树

果树多,花果怎么会掉入茶杯呢?若不是那地方"鱼鸟忘机",小雀子怎么敢到桌上来啄食呢?可见那里真是个花木繁茂、鱼鸟忘机的去处,真是个怡情适性、大可心醉的去处。但是作者不用这一套平板的说明,他只把"花果掉入茶杯"、"小雀子到桌上来啄食"写出来,这不但报告了实况,并且带出了他当时被感动的心情。读者读到这里,也就得到个情趣丰足的印象,与读那平板的说明完全两样。又如第三段里的"不出声的皱眉",这是个视觉印象。看见"不轻易开口笑人的"人在那里"不出声的皱眉",将怎样地窘急与羞愧呢?本已是"东颠西撞的狼狈",又看见有人在那里"不出声的皱眉",更将狼狈到何等程度呢?这些意思是可想而知的,作者都不写,他只写"不出声的皱眉"那个印象。就凭这六个字,作者当时窘急羞愧的狼狈情形如在目前了。此外写感觉印象的地方还有很多,不再提出来说。总之,作者多从心理方面着笔,又是构成他那热情的活泼的笔调的一个因素。

上一节说的是外界事物给与作者印象很深的,作者就把它照样写出来。还有一种是事物本身本来没有某种情意或动作,但作者情绪上感觉上好像它有,就把那种情意或动作归给它。这样的写法,事物便蒙上了作者的情绪与感觉的色彩,写事物也就是写心情,"心"与"物"混成一片,当然与严谨地客观地叙述事物不相同了。本篇用这样写法的地方也不少。如第一段的末一句,"大自然的优美宁静,调谐在这星光与波光的默契中,不期然的淹入了你的性灵"。星光与波光并没有性灵,怎么会像"相对忘言"的两个朋友那样"默契"呢?"大自然的优美宁静"又不是江水河水,"性灵"又不是田地城镇,那"优美宁静"怎么会"淹入""性灵"呢?原来这都是作者当时的感觉,这感觉又从作者当时闲适、舒快到近于神秘的情绪而来。依他当时的情绪,好像星光与波光静静无声,互相照映,其间自有一种"默契";又好像"优美宁静"是充满在宇宙间的大水,没有一处不淹到,连他的性灵也被"淹入"了:这

样,他就用了"默契"与"淹入"两个词。又如第八段里的"啊,这是第一朵小雪球花挣出了半冻的地面!"小雪球花只是应着自然的节候,顺着本有的生机,开出来罢了,它何尝"挣"? 原来这也是作者的感觉,这感觉又从他那爱活动爱奋斗的性情而来。他在半冻的地面看见了第一朵的小雪球花,他想像它也是爱活动爱奋斗的;它要挣扎出来,一定经历了许多艰难辛苦;但结果竟被它挣扎出来了,那又是何等的成功,何等的欢喜。他下一个"挣"字,差不多分了小雪球花那一份成功与欢喜了。此外如说"鱼群的唼喋声在你的耳边'挑逗'"(第五段),花草在泥土里渐次"苏醒"(第八段),克罗克斯是"爱热闹的",蒲公英与雏菊是"耐辛苦的"(第十段),都是这种写法。这又是构成他那热情的活泼的笔调的一个因素。

本篇的笔调是热情的活泼的,前面说过了。若用图画来比,它的彩色是浓重的。画有白描,有淡彩,有丹碧浓鲜的设色;本篇就好比末了一种,它绝不是白描和淡彩。这浓重又是怎样构成的呢? 第一,由于使用排语。使用排语正如画画时候一笔一笔地加浓。第二,由于多写感觉印象。感觉印象多,犹如画面上布满了景物,少有空白处所,自然见得浓重。第三,由于多用文言里的形容词与副词,就是所谓"词藻"。如用"葱翠"来形容"草坪",用"恣蔓"(应作"滋蔓")来形容"草丛"(第二段),用"婆娑"来形容"大木",用"盘错"来形容"根柢"(第七段),用"娉婷"来形容"尖阁",用"妩媚"来形容"康河"(第九段),如说裙裾"悠悠"的飘着(第四段),说经验"栩栩"的留着(第十二段),这些词藻都是红绿青黄的颜料,把这篇文字涂成浓重的一幅。白话文里使用文言的词藻,原有讨论余地,且留在后面说。这里只说仅就文言而论,少用词藻就见得清淡,多用词藻就见得绚烂;现在把文言的词藻用入白话文,彩色当然见得浓重了。

然而本篇里也有用白描法的,可以举出两处说。一处是第三段末了叙

述"租船再试"时候的情景。那老船家说:"先生,这撑船费劲,天热累人,还是拿个薄皮舟溜溜吧!"这个话多么朴素,然而那老船家又像殷勤又像瞧不起人的心情,已经完全描出。以下作者说"我哪里肯听话,长篙子一点就把船撑了开去",用个"一点"与"就",作者当时急于"再试"与不爱听老船家噜苏的心情,以及当时活动的姿态,就在这上头传出来了。又一处是第四段叙述"专家的女郎"撑船出桥洞时候的姿态。那长竿"竟像没分量的","往波心里一点",只是"轻轻的,不经心的",在有过撑船经验可是不曾学会撑船的作者看来,是多么可以羡慕呢?"船身便波的转出了桥影,翠条鱼似的向前滑了去",那轻巧敏捷与"把河身一段段的腰斩了去"是何等显明的对照呢?以上两处也是写的感觉印象,可是读起来并不觉得浓艳,这里头该有个缘故。原来这两处只像平常谈话一样,不用什么词藻,也不用什么特殊语调,可是对于当时的印象,把捉得住,又表现得出,所以成为两节白描的好文字。

一

阅读叙述文字,不能没有时间观念。那事件是什么时候发生的呢?那景物是什么时候显现在作者眼前的呢?这些都得辨清楚。如果不辨清楚,就摸不清全篇的头绪。现在就本篇说,读者须得问:这里所写的康桥,是作者某一天某一回所接触的不是?要回答这问题,于是逐段看下去。第一段里说的果子园里的情景与星光下的经验,不是限于某一天的;第二段里说的草场上的景物,不是限于某一天的;第三段里说的自己撑船,第四段里说的看人家撑船,也不是限于某一天的。第九段说的朝景,可不是某一回的朝景;第十段说的花信,可不是某一回的花信;第十一段说的野游,可也不是某一回的野游。全篇之中,只有第十二段里说的三幅"画图似的经验"是属于

某一回的,都特地用"有一次"来点醒,虽然没有说明是何年何月何日。如果把叙述某一天某一回的经验称为"专叙",那么叙述不限于某一天某一回的经验便是"泛叙"。作者对于所写的事物太熟悉了,接触的机会不止一次两次,也分不清某一种经验是某一天某一回的了,只觉得种种经验各自累积起来,成为许多浓密的团结;那自然只有不限定时间,采用"泛叙"的方法。本篇的情形就是这样。如果是一个短期旅行的游客,到康桥地方匆匆地游览一周,提起笔来写游记,他就不得不用"专叙"的方法,单把他游览那一天的经验叙述下来了。除了这个,他还有什么可以叙述的呢?"专叙"的时候,常常用"某月某日","……的时候","……之后"一类时间副语,来点醒以下所说的事件、景物或经验所属的时间。

本篇里也有用这一类时间副语的地方,如"不服输跑去租船再试的时候"(第三段),"在礼拜天"(第四段),"在初夏阳光渐暖时"(第五段),"在康桥时","在夕阳西晒时"(第十二段)。但在"不服输跑去租船再试的时候"前面加上个"每回",在"在夕阳西晒时"前面加上个"常常",这就成为"泛叙"了。此外三语,只要辨别上下文的语气,便知道也不是"专叙"。"在礼拜天"一语是用"尤其"承接着前面"你站在桥上去看人家撑"一语的;而"你站在桥上去看人家撑"是假设语气,"在初夏阳光渐暖时,你去买一只小船"也是假设语气,两语里都含得有"如果"、"假使"的意思:假设语气当然不会是"专叙"。至于"在康桥时"一语占着一春的时间,下面的"没马骑,没轿子坐,却也有我的风流",又是经常的情形,所以也只是"泛叙"而不是"专叙"。

阅读叙述文字,又不能没有空间观念。作者叙述那事件那景物,是不是站定在一个观点上的呢?如果站定在一个观点上,那所写的只是这个观点上所能观察到的一切;观点如有转换,文字中一定先行交代明白,然后再写

新观点上所能观察到的一切。如果不站定在什么观点上，那就比较自由，只凭记忆逐项逐项地叙述出来，更不管它们是从那一个观点上观察到的。本篇就时间方面说既是"泛叙"，那么所写康桥的种种，当然不会是站定在什么观点上观察到的了。原来它写的是情绪中的康桥，而不是眼界中的康桥。但这是就本篇大体说。若在非表明空间关系不可的地方，虽说是"泛叙"，也不得不站定一个观点来写。如第二段里的"对岸草场上……匀匀的长着长条的水草"，第九段里的"康桥只是一带茂林……有佳荫处有村舍"，都是登高远望的景；第四段里的"有几个专家女郎……翠条鱼似的向前滑了去"是桥上眺望的景；如果不是登高，不在桥上，所见也就两样；这便有了空间关系，须得站定一个观点来写。以上三节写景文字之前，第二段里有"从校友居的楼上望去"一语，第九段里有"从那土阜上望去"一语，第四段里有"站在桥上看人家撑"一语，都是用来表示站定的观点的。又如第九段的开头，叙述春朝游行时候所见的景色："静极了……点缀这周遭的沉默"是大道上的景，"头顶是交枝的榆荫，透露着漠楞楞的曙色"是林子里的景，"当前是平坦的原野……尖尖的黑影是近村的教寺"是林子外的景；大道上，林子里，林子外，景色不一，这便有了空间关系，不得不站定一个观点又转换一个观点来写。

这一节最初的观点原在大道上，有"顺着这大道走去"一语可以证明；以下用"走到尽头，再转入林子里的小径"两语，就把观点转换到林子里去了；以下用"走尽这林子"一语，又把观点转换到林子外去了。至于第十二段里的三幅"画图似的经验"，就时间方面说既是"专叙"，自然得叙明当时站定的观点。"我赶到一个地方"、"正冲着一条宽广的大道"、"临着一大片望不到头的草原"三语，都是用来表示当时站定的观点的。若是匆匆游览过后写一篇"专叙"的游记，站定观点与转换观点的叙述就不会这么少了。

二

现在再把本篇值得注意值得体会的地方逐一提出来说一说(前面已经说过了的,就不再说了)。

第一段叙康河,分上游下游来说,原是最平常的方式,地理教本所常用的。可是叙上游就说到那个果子园,用复杂的感觉印象来描写那里的丰美与安静,把康桥的佳胜突然涌现在读者面前,这就不平常了。叙下游只说它是"春夏间竞舟的场所",以下便说到上下河分界处的那个坝筑,说到星光之下在那个坝筑旁边听各种声音的神秘经验,这也不平常。作者并不是写地理书,他要写的是他情绪中的康桥:读者只要读这第一段,就可以感觉到了。

第三段开头说明三种船,把撑篙船排在最后,是有意的,用来引起下面的自己撑船。说明三种船的部分,文字是静的;过渡到自己撑船,文字就是动的了。试看"把船身横住在河中,东颠西撞的狼狈",傍观的英国人在那里"不出声的皱眉",河中悠闲的秩序"给搅乱了",以至"租船再试",经老船家劝告,不肯听话,"把船撑了开去",哪一处不是活生生的动态?不说英国人在旁边"不出声的皱眉",而说"小心他们不出声的皱眉",可见因他们"皱眉"而更显得"狼狈",那经验正不止一次两次了。不说船还是横着前进,而说"还是把河身一段段的腰斩了去",这是用更具体的说法,把"横着前进"化成个更具体的视觉印象。

第四段里"穿一身缟素衣服……帽影在水草间颤动"是对于"专家的女郎"的形容语(形容语不妨去掉,这里如果去掉这形容语,就成"有几个专家的女郎,你看她们……")。说衣服又说到裙裾的飘扬,说帽子又说到帽影的颤动,这是加工描绘。描绘的结果,使读者觉得但看这四语,便是一幅鲜明

的生动的图画。本段末一句里的"敏捷"、"闲暇"、"轻盈"是作者主观的批评，但与前面所叙的姿态都有照应。如果再来一个"美丽"，那就没有照应了；因为前面只叙那几个女郎撑船时候的动态，并没有叙她们的面貌与身材怎样美丽。

第五段末一语里的"水底翻的音乐"，指在河上开话匣子而言。话匣子所奏的音乐，声音在河面发生回响，再传播开来，这便是"水底翻的音乐"。听这种音乐，物理上既与平时开话匣子不同，环境上、心情上也全不一样，所以在少年们的感觉中，这种音乐是"描写梦意与春光"的。

第六、七两段可以说是插入本篇的一篇议论文，它的题目是"人不要完全遗忘自然"。第六段先说"住惯城市的人"的通常情形，分两点，一点是不关心"季候的变迁"，又一点是抱怨生活，不"承认做人是快乐"。对于前一点，用具体的说法。仅仅从叶子的长落、炉子的装卸、衣服的更换，知道"季候的变迁"，足见那关心真是有限得很了。"星星"、"花草"、"风云"环绕在周围，可是一样也不去理睬，足见对于自然全没交涉了。于是第七段说一般人所以有这种情形，由于"忘本"。人的"本"是什么呢？"人是自然的产儿"，人从大自然取得生命，这说明了人的"本"是自然。花草离不开泥土，鱼离不开水，大木的根柢深入无尽藏的地里，这些都是比况，比况人绝不能离开了大自然而生活，也得像大木一样，把生命的根柢深入大自然里。然后归结到作者所提出的意见："只要'不完全遗忘自然'一张轻淡的药方，我们的病象就有缓和的希望"。本篇是抒情的叙述文字，如果插入一小篇严格的议论文（就是说完全用抽象的说法，由演绎、归纳、类推等方法而达到结论的议论文），那是很不相称的。现在这两段多用具体的说法，语调自由活泼，又与纯理智的说理文字不同，所以插在中间与各段一致，并不觉得不调和。

第八段末了三句，开头都用了惊叹词"啊"，以下指点用"那是""这是"

"这不是",值得细辨。画眉的新声比较远,小雪球花与柳条近在面前,"那"与"这"表明实际上的远近之分,这是一。"那"与"这"不重复,用了两个"是"来一个"不是",又见得有变换,这是二。这样三句连在一起读,自然引起一种感觉,仿佛春信是四面袭来,不可抵御的了,这是三。

第九段里叙到"尖尖的是近村的教寺",以下接一句"听,那晓钟和缓的清音!"教谁听呢? 也可以说教自己听,也可以说教读者听。但是在写文字的时候,作者并不正在望见那教寺的"尖尖的黑影",至于读者读这篇文字,是不拘于什么地点什么时间的,怎么能教自己听又教读者听呢? 原来这是排除了空间与时间观念的说法。说起近村的教寺,仿佛钟声已经在那里送过来了,于是向自己并向读者提示道:"听,那晓钟和缓的清音!"前面提及的第八段末了三句,情形也正相同。说起春信,仿佛春信就从四面袭来了,于是一边指点,一边提示,说出这么三句来。

又,本段里用"朝来人们的祈祷参差的翳入了天听"譬喻炊烟"渐渐的上腾,渐渐的不见",这是用听觉印象表现视觉印象。朝来有许多的人作祈祷,想像他们的祈祷声音——上达上帝的听官,正与炊烟上腾而没入天际相似,于是来了这错综的印象。以下连用三个"顷刻间",把时间说得极急促,表示初晓景色的刻刻变换。末了两句,"胜利的晴空"与"快活的灵魂"呼唤着"春!"互相应答,把清早寻春的人的欢喜心情完全表达出来。若说"春来了",或是"这已经是春天了",反而见得累赘失神。当时只有一个浑然的感觉"春!"而已,而感得欢喜的就在这个浑然的感觉,所以单说"春!"字是最完足的了。两个"春!"字的位置也可以注意。如果放在"私语"与"回响"之后,说话的力量就侧重在"胜利的晴空"与"快活的灵魂"。现在放在前面,随后解释一个是"晴空"的"私语",一个是"灵魂"的"回响",力量就侧重在"春!"的那一声呼唤方面了。本段叙述了春朝的晴色,归结到"春!"这个浑

然的感觉无所不在,自然该把力量侧重在"春!"的那一声呼唤方面才对。

第十段专说"伺候着河上的风光",也就是探河上的春信。明说"关心"的若干里固然是春信所在,"小雪球"与"铃兰与香草"也是报告春消息的使者。以下列举"莲馨"、"石水仙"、"克罗克斯"、"蒲公英与雏菊",可是没有说那些花儿怎么样,只用一个"破折号"便接说"这时候",表示提起那些花儿,意念立刻想到那些花儿开放的时候。那些花儿开放了,此外还有没有提到的许多花儿也开放了,那春信还待你去"探"吗?所以说"更不烦殷勤问讯"。

第十一段开头的"瑰丽的春光!"与"可爱的路政!"是两句赞叹句,形式上没说明"春光"与"路政"怎样,好像都不成一句话。其实是说明了的,只要倒转来,就是"春光瑰丽"与"路政可爱",不过成为寻常的表明句了。赞叹句自有这样的一种形式,如"伟大的时代!""好漂亮的人物!"都是口头常常说的。以下说骑着自转车出游,连用五个"你如爱",传出了眉飞色舞、津津乐道的神情。这里把"花"、"鸟"说在前,把"儿童"、"人情"、"酒"说在后,一种解说是:"花"、"鸟"是自然,亲近"儿童"接受"人情"是人事,而"酒"又是从"饱餐"与"尝新"联想起来的。但是还可以有一种解说:说"花"、"鸟"、"儿童"的话短,说"人情"与"酒"的话长,短的在前,长的在后,正是语言的自然。试把长句调在前面,吟诵起来,读到后面的短句,就会觉得气势不顺了。本段里的"每'望'"等于说"每家酒店"。"望"是"望子",酒店的市招。

第十二段作者引陆放翁的一联诗句,有记错的地方。现在把全首抄在这里:"醉眼朦胧万事空,今年痛饮瀼西东。偶呼快马迎新月,却上轻舆御晚风。行路八千常是客,丈夫五十未称翁。乱山缺处如横线,遥指孤城翠霭中。"题目是"醉中到白崖而归"。诗中有"痛饮瀼西东"的话,该是放翁通判夔州的时候作的。所以作者说"这是做地方官的风流"。同段叙述三幅"图

画似的经验",哪个在前,哪个在后,本来可以随便。现在排成这样形式,也为要先短后长。并且,前两个经验是说清楚的,后一个却没有说清楚,也得把它放在最后才顺。再看第二个经验的叙述,作者为什么会"感着神异性的压迫","对着这冉冉渐黯的金光""跪下"呢?原来这是由于对"伟大"、"庄严"的一种虔敬情绪。"一条大路,一群生物",背后"放射着万缕的金辉",从一群生物在大路上走,联想到一切生物在生命的大路上走;从太阳放射万缕金辉,联想到赋与生命支配生命的"宇宙的力";这就觉得眼前景物便是宇宙的"伟大"、"庄严"的具体表现,不由得虔敬地"跪下"了。再说第三个经验,"这草田变成了"什么呢?读者没有作者的经验,当然无从猜测,但可以说定,那也是带着"神异性"的。不然,作者为什么说"说来你们也是不信的"呢?

　　末一段若即若离地回顾第一段的"星光",作为结束。若是终止在第十二段,话便没有说完,这是很容易辨明的。

　　本篇是白话文,但参用了许多文言的字眼。除了前面所举文言的词藻外,如"裙裾"、"唼喋"、"睥睨"(应作睥睨)、"闲步"、"清荫"、"美草"、"巧啭"等,都是文言的字眼。白话文里用入文言的字眼,与文言用入白话的字眼一样,没有什么可以不可以的问题,只有适当不适当,或是说,效果好不好的问题。要讨论这个问题,可以从理想的白话文该是怎样的想起。

　　白话文依据着白话,是谁都知道的。既说依据着白话,是不是口头用什么字眼,口头怎样说法就怎样写法呢?那可不一定。如果一个人口头说话一向是非常精密的,自然不妨完全依据着他的说话写他的白话文。但一般人的说话往往是不很精密的,有时字眼用得不切当,有时语句没有说完全,有时翻来覆去,说了再说,无非这一点意思。这样的说话,在口头说着的时候,因为有发言的声调、面目与身体的表情等帮助,仍可以使听话的对方理

会,收到说话的效果。可是,照样写到纸面上去,发言的声调、面目与身体的表情等帮助就没有了,所凭借的只是纸面上的文字;那时候能不能也使阅读文字的对方理会,收到作文的效果,是不能断定的。所以在写白话文的时候,对于说话,不得不作一番洗炼的工夫。洗是洗濯的洗,就是把说话里的一些渣滓洗去。炼是炼铜炼钢的炼,就是把说话炼得比平常说话精粹。渣滓洗去了,炼得比平常说话精粹了,然而还是说话(这就是说,一些字眼还是口头的字眼,一些语调还是口头的语调,不然,写下来就不成其为白话文了):依据这种说话写下来的,才是理想的白话文。

文字写在纸面,原是教人看的,看是视觉方面的事情。然而一个人接触一篇文字,实在不只是视觉方面的事情。他还要出声或不出声地念下去,同时听自己出声或不出声地念。所以"阅""读"两个字是连在一起拆不开的。现在就阅读白话文说,读者念与听所依据的标准是白话,必须文字中所用的字眼与语调都是白话的,他才觉得顺适调和,起一种快感。不然,好像看见一个人穿了不称他的年龄、体态、身分的服装一样,虽未必就见得这个人不足取,但对于他那身服装,至少要起不快之感。而不快之感是会减少读者与作品的亲和力的,也就是说,会减少作品的效果的。

把以上两节话综合起来,就是:白话文虽得把白话洗炼,可是经过了洗炼的必须仍是白话;这样,就体例说是纯粹,就效果说,可以引起读者念与听的时候的快感。反过来说,如果白话文里有了非白话的(就是口头没有这样说法的)成分,这就体例说是不纯粹,就效果说,将引起读者念与听的时候的不快之感。到这里,可以解答前面所提出的问题了。白话文里用入文言的字眼,实在是不很适当的足以减少效果的办法。那么,本篇作者为什么在本篇里参用许多文言的字眼呢? 这由于作者文言的教养素深,而又没有要写纯粹的白话文的自觉,不知不觉之间,就把许多文言字眼用进去了。教他另

用一些白话的字眼来调换文言的字眼，他未必不可能，他只是没有想到要不要调换。

本篇里不单是字眼，就是语调也是非白话的，如第九段里的"想像那一流清浅"与第十段里的"更不烦殷勤问讯"两语便是。这两语都是词曲的调子，如果用在词曲里，是很调和的；现在用在白话文里，就不调和了。"想像那一流清浅"，这样的说法，白话里是绝没有的。"更不烦殷勤问讯"之下，白话里必得有个"了"字。作者把词曲的调子用入白话文，原由如前面所说，也只是个不自觉。这种情形，不只本篇有，初期白话文差不多都有；因为一般作者文言的教养素深，而又没有要写纯粹的白话文的自觉，大都与本篇作者相同。但是，理想的白话文是纯粹的，现在与将来的白话文的写作是要把写得纯粹作目标的，必须知道这两点，才可以阅读初期白话文而不受初期白话文这方面的影响。

或者有人要问：现在国文课里，文言也要读，这就有了文言的教养；既然有了文言的教养，写起白话文来，自然而然会有文言成分从笔头溜出来，像本篇作者一样。怎样才可以检出并排除这些文言成分，使白话文纯粹呢？这是有办法的，只要把握住一个标准，就是"上口不上口"。一些字眼与语调，凡是上口的，说话中间有这样说法的，都可以写进白话文，都不至于破坏白话文的纯粹。如果是不上口的，说话中间没有这样说法的（这里并不指杜撰的字眼与不合语文法的话句而言），那便是文言成分，不宜用入纯粹的白话文。譬如约朋友出去散步，绝不会说"我们一同去闲步一回"。走到一处地方，头上是新鲜的树荫，脚下是可爱的草地，也绝不会说"这里头上有清荫，脚下有美草"。可见"闲步"、"清荫"、"美草"是不上口的。又如"你只能循着那锦带似的林木想像那一流清浅"一语，在口头说起来，大概是"你只能沿着那锦带似的林木想像那清浅的河流"。可见"想像那一流清浅"是不上

口的。只要把握住"上口不上口"这个标准,即使偶而有文言成分从笔头溜出来,也不难检出了。

到这里,还可以进一步说。譬如董仲舒有句话道:"正其谊不谋其利,明其道不计其功。"这明明是文言的语调。可是,"从前董仲舒有句话道:'正其谊不谋其利,明其道不计其功。'"这样的说法却是口头常有的;口头常有就是上口,上口就不妨照样写入白话文。又如"知其不可而为之"一语出于《论语》,语调也明明是文言的。可是,"某人作某事是知其不可而为之"。这样的说法,却是口头常有的;口头常有就是上口,上口就不妨照样写入白话文。前一例里的"正其谊不谋其利,明其道不计其功"所以上口,因为说话说到这里,不得不引用原文。后一例里的"知其不可而为之"所以上口,因为说话本来有这么一个法则,有时可以引用成语。在"引用"这一个条件之下,口头说话既不排斥文言成分,纯粹的白话文当然可以容纳文言成分了。这与前一节话并不违背;前一节话原是这样说的:凡是上口的,说话中间有这样说法的,都可以写进白话文,都不至于破坏白话文的纯粹。

现在再就字眼说。如《易经》里的"否"与"泰"两个字,表示两个观念,平常说话是绝不用的,当然是文言字眼。可是经学或者哲学教师解释这两个观念的时候,口头不能不说"这样就是否"与"这样就是泰"的话;他也许还要说"经过了否的阶段,就来到泰的阶段"。在这些语句里,"否"与"泰"两个字上口了;就把这些语句写入白话文,那白话文还是纯粹的。试看这两个字怎么会上口的呢?原来与前面所说一样,也是由于"引用"。

在小说或戏剧的对话里,如果适当地引用一些文言成分,不但没有妨碍,并且可以收到积极的效果。如鲁迅的小说《孔乙己》里,叙述孔乙己在喝酒时候,把作为酒菜的茴香豆给围住他的孩子吃,一人一颗。孩子吃完了一颗,还想吃第二颗,眼睛都望着碟子。孔乙己就着急说:"不多了,我已经不

多了。"又看一看豆,自己摇头说:"不多不多!多乎哉?不多也。"这里的"多乎哉?不多也。"是从《论语》的"君子多乎哉?不多也"引用来的。从这两句的引用,可以使读者读了宛如听见了孔乙己的口吻,因而想到他原来是这么一个读过几句书,半通不通,却爱随便胡诌的家伙:这就是所谓积极的效果。然而这两句所以能放在孔乙己的对话里,也因为事实上确然有一种人爱把书句放在口头乱说的,故而与"上口"的标准并无不合,这节对话还是纯粹的白话文。

以上对于纯粹的白话文说得很多,无非希望现在与将来的白话文的写作要把写得纯粹作目标的意思。以下再回到本篇来说。

本篇里有少数字句是不很妥适的。如第一段里"倦牛刍草声"的"刍"字,是个文言字眼且不必说;即就文言说,或作割草的意思,如"刍荛",或作饲养牲畜的意思,如"刍豢",却没有作嚼草的意思的。这里就上下文看,作牛在那里嚼草的意思,是用错的。又如第二段里"尾鬃的扫拂"的"扫拂"两字,分开来都是口头常用的字眼,合起来就不顺口了。这里所以要用"扫拂"两字,原来因为说"尾鬃的扫"或"尾鬃的拂"都收不住,非用一个复音节语不可。但"扫拂"并不是一个口头习用的复音节语,作者却没有注意到这一层。同段里又有"反仆"两字,"仆"原是个文言字眼,口头说起来就是"跌倒"。跌倒并没有规定的形式,无所谓"正",也无所谓"反"。现在说"反仆",与上一语的"仰卧"相对,表示胸腹着地、背心向天的意思,这是错误的。

第七段里"入世深似一天,离自然远似一天"两语,是可以讨论的。这两语表示"入世深"与"离自然远"的程度同时并进,但按照口头的语调,应说"入世一天深似一天,离自然一天远似一天"。若照这样说,每一语里在前的"一天"指在后的一天,在后的"一天"指在后的一天之前的一天;用个"似"

字,表示前后两天程度的比较,"深似"就是"深过","远似"就是"远过",若写文言,就是"深于"、"远于"。现在每一语里既然只用一个"一天",那就无所谓前后两天程度的比较,"似"字显然是多余的。去掉"似"字,"作入世深一天,离自然远一天",便妥适了。同段里的"有幸福是永远不离母亲抚育的孩子,有健康是永远接近自然的人们"两语,"福"字"康"字之下都省掉一个不应该省的"的"字。大概在这样的句式里,"是"字近于"等于",表示在前的什么等于在后的什么。"的"就是"的人",用了"的"字,"有幸福"与"有健康"才有属主,属主才可以与下面的"孩子"与"人们"相等。若照原文不用"的"字,那么,"有幸福"与"有健康"是"事","孩子"与"人们"是"人","事"怎么能与"人"相等呢?

文言字眼"翳"字,在本篇里用了两次,都用得不妥适。"翳"是遮蔽的意思。说"仿佛是朝来人们的祈祷参差的遮蔽入天听"(第九段),是讲不通的;说"对着这冉冉渐遮蔽的金光"(第十二段),同样地讲不通。原来遮蔽这个动作是及物的,说遮蔽必然有被遮蔽的东西。现在并没有被遮蔽的东西,而把遮蔽这个动作归到"祈祷"与"金光"自身,当然讲不通了。如果说"没入了天听"或者"送入了天听",说"冉冉渐消的金光"或者"冉冉渐隐的金光",便讲得通了;因为"没"、"送"、"消"、"隐"等动作都是不及物的,本该归到"祈祷"与"金光"自身的。

第十一段里指称"愉快"作"一个",照通常说法,应该是"一种"。"愉快"、"哀悲"、"道德"、"智慧"一类抽象事物,是没有个体的,没有个体,所以不能用个体单位的"个"字。这些事物却是有种类可分的,有种类可分,所以可以用种类单位的"种"字。现在人说话与写白话文,对于这种单位名称,有随便使用的倾向,这是不妥当的,应该留意。

阅读一篇文字,一味赞美,处处替作者辩护,这种态度是不对的。至于

吹毛求疵,硬要挑剔,也同样地不对。文字如有长处,必须看出它的长处在哪里;文字如有缺点,又必须看出它的缺点在哪里:这才是正当的态度。惟有抱着这样正当的态度,多读一篇才会收到多读一篇的益处。

谈新诗（第五段节录）

胡适

❶有许多人曾问我做新诗的方法,我说,做新诗的方法根本上就是做一切诗的方法;新诗除了"诗体的解放"一项之外,别无他种特别的做法。

❷这话说得太拢统了。听的人自然又问,那么做一切诗的方法究竟是怎样呢?

❸我说,诗须用具体的做法,不可用抽象的说法。凡是好诗,都是具体的;愈偏向具体的,愈有诗意诗味。凡是好诗,都能使我们脑子里发生一种——或许多种——明显逼人的影像。这便是诗的具体性。

❹李义山诗"历览前贤国与家,成由勤俭败(破)由奢",这不成诗。为什么呢?因为他用的是几个抽象的名词,不能引起什么明了浓丽的影像。

❺"绿垂风折笋,红绽雨肥梅"是诗。"芹泥垂(随)燕嘴,蕊粉上蜂须"是诗。"四更山吐月,残夜水明楼"是诗。为什么呢？因为他们都能引起鲜明扑人的影像。

❻"五月榴花照眼明"是何等具体的写法！"鸡声茅店月,人迹板桥霜"是何等具体的写法！"枯藤老树昏鸦,小桥流水人家,古道西风瘦马,夕阳西下,——断肠人在天涯！"这首小曲里有十个影像,连成一串,并作一片萧瑟的空气,这是何等具体的写法！

❼以上举的例都是眼睛里的影像。还有引起听官里的明了感觉的。例如上文引的(苏东坡送弹琵琶的词)"呢呢儿女语,灯火夜微明,恩冤尔汝来去,弹指泪和声",是何等具体的写法！

❽还有能引起读者浑身的感觉的。例如姜白石词,"暝入西山,渐唤我一叶夷犹乘兴。"这里面"一叶夷犹"四个双声字,读的时候使我们觉得身在小舟里,在镜平的湖水上荡来荡去。这是何等具体的写法！

❾再进一步说,凡是抽象的材料,格外应该用具体的写法。看《诗经》的《伐檀》：

　　坎坎伐檀兮,置之河之干兮,
　　河水清且涟漪,——
　　不稼不穑,胡取禾三百廛兮！
　　不狩不猎,胡瞻尔庭有悬貆兮！

社会不平等是一个抽象的题目,你看他却用如此具体的写法。

❿又如杜甫的《石壕吏》,写一天晚上一个远行客人在一个人家寄宿,偷听得一个捉差的公人同一个老太婆的谈话。寥寥一百二十个字,把那个时

代的征兵制度、战祸、民生痛苦,种种抽象的材料,都一齐描写出来了。这是何等具体的写法!

⓫再看白乐天的《新乐府》那几篇好的,如《折臂翁》、《卖炭翁》、《上阳宫人》都是具体的写法。那几篇抽象的议论,如《七德舞》、《司天台》、《采诗官》——便不成诗了。

⓬旧诗如此,新诗也如此。

⓭现在报上登的许多新体诗,很多不满人意的。我仔细研究起来,那些不满人意的诗犯的都是一个大毛病——抽象的题目用抽象的写法。

⓮那些我不认得的诗人做的诗,我不便乱批评。我且举一个朋友的诗做例。傅斯年君在《新潮》四号里做了一篇散文,叫做《一段疯话》,结尾两行说道:"我们最当敬重的是疯子,最当亲爱的是孩子。疯子是我们的老师,孩子是我们的朋友。我们带着孩子,跟着疯子走,走向光明去。"

有一个人在北京《晨报》里投稿,说傅君最后的十六个字是诗不是文。后来《新潮》五号里傅君有一首《前倨后恭》的诗——一首很长的诗。我看了说,这是文,不是诗。

⓯何以前面的文是诗,后面的诗反是文呢? 因为前面那十六个字是具体的写法,后面的长诗是抽象的题目用抽象的写法。我且抄那诗中的一段,就可明白了:

倨也不由他,恭也不由他! ——
你还赖他。
向你倨,你也不削一块肉;向你恭,你也不长一块肉。
况且终竟他要向你变的,理他呢!

这种抽象的议论是不会成为好诗的。

❶再举一个例。《新青年》六卷四号里面沈尹默君的两首诗。一首是《赤裸裸》：

> 人到世间来,本来是赤裸裸,
>
> 本来没污浊,却被衣服重重的裹着,这是为什么?
>
> 难道清白的身不好见人吗?那污浊的,裹着衣服,就算免了耻辱吗?

他本想用具体的比喻来攻击那些作伪的礼教,不料结果还是一篇抽象的议论,故不成为好诗。还有一首《生机》：

> 刮了两日风,又下了几阵雪。
>
> 山桃虽是开着却冻坏了夹竹桃的叶。
>
> 地上的嫩红芽,更僵了发不出。
>
> 人人说天气这般冷,
>
> 草木的生机恐怕都被摧折;
>
> 谁知道那路旁的细柳条,
>
> 他们暗地里却一齐换了颜色!

这种乐观,是一个很抽象的题目,他却用最具体的写法,故是一首好诗。

❷我们徽州俗话说人自己称赞自己的是"戏台里喝采"。我这篇《谈新诗》,常引我自己的诗做例,也不知犯了多少次"戏台里喝采"的毛病。现在且再犯一次,举我的《老鸦》做一个"抽象的题目用具体的写法"的例罢:

我大清早起，

站在人家屋角上哑哑的啼。

人家讨嫌我，

说我不吉利：——

我不能呢呢喃喃讨人家的欢喜！

指导大概

本文(指《谈新诗》第五段，下同)是说明文。胡先生在这一段文字里所要说明的是"做新诗的方法"，其实也"就是做一切诗的方法"❶。新诗和旧诗以及词曲不同的地方只在诗体上，只在"诗体的解放"上❶，根本的方法是一致的。胡先生在本篇(指《谈新诗》全文，下同)第二段里说："中国近年的新诗运动可算得是一种'诗体的大解放'。因为有了这一层诗体的解放，所以丰富的材料、精密的观察、高深的理想、复杂的感情，方才能跑到诗里去。"他又"用历史进化的眼光来看中国诗的变迁"，说"诗的进化没有一回不是跟着诗体的进化来的"。他说从"三百篇"到现在诗体共经过四次解放：骚赋是第一次，五七言诗是第二次，词曲是第三次，新诗是第四次。解放的结果是逐渐合于"语言之自然"。他在本篇第四段里说新诗的音节是"和谐的自然音节"。又说，"诗的音节全靠两个重要分子：一是语气的自然节奏；二是每句内部所用字的自然和谐"。这第二个分子也就是"内部的组织——层次、条理、排比、章法、句法"。本篇作于民国八年。这二十多年来新诗的诗体也曾经过种种的尝试，但照现在的趋势看，胡先生所谓"合语言之自然"同"和谐的自然音节"还是正确的指路标；不过详细的节目因时因人而异罢了。

做新诗的方法，乃至做一切诗的方法，积极的是"须要用具体的做法"，

消极的是"不可用抽象的说法"❸；但这里积极的和消极的只是一件事的两面儿，并不是各不相关的。可是怎样是"具体的做法"呢？从本文所举的例子看，似乎有三方面可说。一方面是引起明了的影像或感觉，一方面是从特殊的个别的事件暗示一般的情形，另一方面是用喻说理。本文所说"明显逼人的影像"❸，"明了浓丽的影像"❹，"鲜明扑人的影像"❺，都是"诗的具体性"❸；这些都是"眼睛里起的影像"❼。"还有引起听官里的明了感觉的"❼，"还有能引起读者浑身的感觉的"，也该是"诗的具体性"。关于"眼睛里起的影像"，本文的例子都是写景的，或描写自然的。这些多是直陈，显而易见。写人、写事便往往不能如此，虽然有时也借重"眼睛里起的影像"。那儿需要曲达，曲达当然要复杂些。"眼睛里起的影像"是文学的，也是诗的，一个主要源头。"听官里的感觉"和"浑身的感觉"，在文学里、诗里，到底是不常有的。胡先生有《什么是文学》一篇小文，说文学有三要件：一是"明白清楚"，叫做"懂得性"，二是"有力能动人"，叫做"逼人性"，三是"美"，是前二者"加起来自然发生的结果"。那文中所谓"明白清楚"和"逼人"，当然不限于"眼睛里起的影像"，可还是从"眼睛里起的影像"引伸出来的。"眼睛里起的影像"在文学里、在诗里的重要性，由此可见一斑。

从引起明了的影像或感觉"再进一步说，凡是抽象的材料，格外应该用具体的写法"❾。这儿"抽象的材料"是种种的情形或道理，"具体的写法"是种种的事件或比喻。从特殊见一般，用比喻说道理，都是曲达，比直接引起影像或感觉要复杂些，所以说是"再进一步"。文中又提出"抽象的题目"这名字。大概本文所谓"抽象的材料"有广狭二义；广义的"材料"包括着"题目"，狭义的和"题目"对立着。就本文所举的例子说，"前倨后恭"❺，"作伪的礼教"、"乐观"❻，独行其是，不屈己从人（《老鸦》的"题目"）❼，都是"抽象的题目"。还有"社会不平等"❾，文中虽也说是"抽象的题目"，但

就性质而论,实在和第十节里的唐代征兵制度、战祸、民生痛苦是一类,该跟第十一节说到的白乐天的《新乐府》里的种种都归在狭义的"抽象的材料"里。从中国诗的传统看,写这种狭义的"抽象的材料"的多到数不清的程度;但写"抽象的题目"的却不常见。全诗里有一两处带到"抽象的题目"的并不缺少,如古诗十九首的"青青陵上柏,磊磊涧中石。人生天地间,忽如远行客。""四顾何茫茫,东风摇百草。所遇无故物,焉得不速老!""去者日以疏,生者日以亲。出郭门直视,但见丘与坟;古墓犁为田,松柏摧为薪;白杨多悲风,萧萧愁杀人。""生年不满百,常怀千岁忧。"这些都是些"人生不常"的大道理,可只轻描淡写的带过一笔,戛然而止,并不就道理本身确切的发挥下去。所以全诗专写一个"抽象的题目"的也就稀有;偶然有,除了一些些例外,也都是些迂腐的肤廓的议论,不能算"雅音"。可是新诗,特别在初期,写"抽象的题目"的却一时甚嚣尘上。胡先生便是提倡的一个人;本文所举的新诗的例子,可以作证。这大概是从西洋诗的传统里来的。胡先生在《尝试集·自序》里曾说过中国说理的诗极少,并引欧洲善于说理的大诗人扑蒲等作榜样,可以作这句话的注脚。但是西洋诗似乎早已不写这种"抽象的题目"了;中国的新诗也早已改了这种风气了。

　　本篇举出新诗的好处,也就是胜于旧诗和词曲的地方,有"丰富的材料"、"精密的观察"、"曲折的理想"、"复杂的感情"、"写实的描画"等项(第二段)。这些其实也就是诗的标准。旧诗和词曲正因为材料不够丰富的,观察不够精密的,理想不够曲折的,感情不够复杂的,描画不够写实的,胡先生才说是不如新诗。但这些还不是诗的根本标准,"具体的写法"似乎才是的。用"具体的写法"的是诗❺,用"抽象的写法"的不成诗❹。用"具体的写法"的文是诗不是文,用"抽象的写法"的诗是文不是诗⓮。还有,"凡是好诗,都是具体的"❸⓫⓰;"抽象的写法"不会成为好诗⓫⓭⓯⓰。是诗不是诗,是

文还是诗,是好诗不是好诗:这三个根本问题的判别,按胡先生的意思说,"具体的写法"即使未必是唯一的标准,至少也是最主要的标准——说那是诗的根本标准,大概不会错的。但"具体的"和"抽象的"又各有不同的程度。文中说,"愈偏向具体的,愈有诗意诗味"❸。又举沈尹默先生的《赤裸裸》,说"他本想用具体的比喻来攻击那些作伪的礼教,不料结果还是一篇抽象的议论,故不成为好诗"⓰。用"具体的写法"有时也会不成为好诗,甚至于会不成诗,这是"具体的"还没达到相当的程度的缘故。"抽象的题目"比狭义的"抽象的材料"更其是"抽象的",从上节所论可以看出。不过成篇的"抽象的议论"⓫⓳的"抽象的"程度却赶不上"几个抽象的名词"❹。"具体的"和"抽象的"都不是简单的观念;它们都是多义的词。这儿得弄清楚这两个词的错综的意义,才能讨论文中所举的哪些"是诗"和"不成诗"。

一

就本文而论,"具体的"第一义是明了的影像或感觉。所谓明了的影像或感觉其实只是某种景物或某种境地的特殊的性质;某种景物所以成为某种景物,某种境地所以成为某种境地,便在这特殊的性质或个性上。如"绿垂风折笋,红绽雨肥梅"(杜甫,《陪郑广文游何将军山林》十首之五)是暗示风雨后浓丽而幽静的春光;"芹泥随燕嘴,蕊粉上蜂须"(杜甫,《徐步》)是暗示晴明时浓丽而寂寞的春光;"四更山吐月,残夜水明楼"(杜甫,《月》)是暗示水边下弦月的清亮而幽静❺;"五月榴花照眼明"(韩愈,《题张十一旅舍·榴花》三咏之一)是暗示张十一旅舍夏景的明丽而寂寞;"鸡声茅店月,人迹板桥霜"(温庭筠,《商山早行》)是暗示秋晨的冷寂和行旅的辛苦。还有那首小曲,是《天净沙》小令,相传是马致远作的,文中说明"这首小曲里有十个

影像,连成一串,并作一片萧瑟的空气"❻。这儿浓丽、幽静、寂寞、清亮、明丽、冷寂、辛苦,乃至"萧瑟的空气",都是景物的个性或特殊性,原都是抽象的。——有人说这种诗句有绘画的效用,也许有点儿。但这种诗句用影像作媒介,绘画用形和色作媒介,更直接的引起感觉。两者究竟是不同的。所以诗里这种句子不能用得太多;太多了便反而减少强度,显得琐碎、啰唆,怪腻烦人的。诗要不自量力地一味去求绘画的效用,一定是吃力不讨好。这种"具体的写法"着重在选择和安排。选择得靠"仔细的观察"作底子,并且观察的范围愈广博愈好。安排得走"写实的描画"的路,才不至于落在滥调或熟套里。当然,还得着重"经济的"。以上几个例子,文中说"都是眼睛里起的影像"❼,但"鸡声"并不是的。一般的说,"眼睛里起的影像"似乎更鲜明些,更具体些,所以取作题材的特别多。

文中又引苏东坡的《水调歌头》词。这在本篇第四段里有详细的说明。那儿说:"苏东坡把韩退之的《听琴诗》(《听颖师弹琴》)改为送弹琵琶的的词,开端是'呢呢儿女语,灯火夜微明。恩冤尔汝来去,弹指泪和声'。他头上连用五个极短促的阴声字,接着用一个阳声的'灯'字,下面'恩冤尔汝'之后,又用一个阳声的'弹'字。""灯"(ㄉㄥ)是"ㄉ"声母(子音)的字,"弹"(ㄊㄢ)是"ㄊ"声母的字,摹写琵琶的声音;又把这两个阳声字和"呢呢儿女语""尔汝来去"九个阴声字参错夹用,更显出琵琶的抑扬顿挫。阳声字是有鼻音"ㄣ""ㄥ"收声的字,阴声字是没有鼻音收声的字。这里九个阴声显得短促而抑,两个阳声显得悠长而扬。本文引这个例,说是"引起听官的明了感觉的"❼。摹声本是人类创制语言的一个原始的法子,但这例里的摹声却已不是原始的。"ㄉ""ㄊ"声母的字似乎暗示琵琶声音的响亮,那九个阴声字和两个"ㄉ""ㄊ"声母的阳声字参错夹用,似乎暗示琵琶曲调高低快慢的变换来得很急骤。韩退之的《听琴诗》开端是"呢呢儿女语,恩冤相尔汝;忽

然变轩昂,勇士赴敌场"。欧阳修以为像听琵琶的诗,苏东坡因此将它改成那首《水调歌头》。欧阳修的意见大概是不错的,韩退之那首诗若用来暗示琵琶的声音和曲调的个性或特殊性,似乎更合式些,苏东坡的词便是明证。所谓"听官里的明了感觉"其实也是暗示某种抽象的性质的,和"眼睛里起的影像"一样。至于姜白石的《湘月》词句"暝入西山,渐唤我一叶夷犹乘兴",文中以为"能引起读者浑身的感觉"。"这里面'一叶夷犹'四个双声字,读的时候使我们觉得身在小舟里,在镜平的湖水上荡来荡去"❽。

双声字是声母(子音)相同的字。"一叶夷犹"可以说同是"一"声母,所以说是双声字。胡先生的意思大概以为这四个字联成一串,嘴里念起来、耳里听起来都很轻巧似的,暗示着一种舒适的境地;配合句义,便会"觉得身在小舟里,在镜平的湖水上荡来荡去"。在这种境地里,筋肉宽舒,心神闲适;所谓"浑身的感觉"便是这个。舒适还是一种抽象的性质;不过这例里字音所摹示的更复杂些就是了。运用这种摹声的方法或技巧,需要一些声韵学的知识和旧诗或词曲的训练,一般写作新诗的,大概都缺少这些;这是这种方法或技巧没有发展的一个原因。再说字音的暗示力并不是独立的,暗示的范围也不是确定的,得配合着句义,跟着句义走。句义还是首要,字音的作用通常是不大显著的。这是另一个原因。还有些人也注重字音的暗示力,他们要使新诗的音乐性遮没了意义,所谓"纯诗"。那是外国的影响。但似乎没见什么成就便过去了;外国这种风气似乎也过去了。

本篇第二段里,胡先生曾举他自己的《应该》作例,说"这首诗的意思神情都是旧体诗所达不出的"。那诗道:

> 他也许爱我,——也许还爱我,——
> 但他总劝我莫再爱他。

　　他常常怪我；

　　这一天,他眼泪汪汪的望着我,

　　说道:"你如何还想着我?

　　想着我,你又如何能对他?

　　你要是当真爱我,

　　你应该把爱我的心爱他,

　　你应该把待我的情待他。"

　　他的话句句都不错;——

　　上帝帮我!

　　我"应该"这样做!

　　这里好像是在讲道理,可是这道理只是这一对爱人中间的道理,不是一般的;"应该"只是他俩的"应该",不是一般人的。这道理,这"应该",是伴着强度的感情——他俩强度的爱情——的,不只是冷冰冰的一些概念。所以是具体的,不是抽象的。本文所举"具体的写法"的例子中,乍看像没有这一种,细看知道不然。这是暗示爱情和礼教和理智的冲突——爱情上的一种为难。"冲突"或"为难"是境地的特殊性或个性,是抽象的。这首诗从头到尾是自己对自己说的一番话,比平常对第三者的口气自然更亲切些,更具体些。那引号里的一节是话中的话。人的话或文字,即使是间接引用,只要有适当的选择和安排,也能引起读者对于人或事(境地)的明了的影像。而通常所谓描摹口吻,口吻毕肖,便是话引起了读者对于人的明了的影像。——从以上各节的讨论,便知本文"具体的"第一义还是暗示着某种抽象的性质,并不只是明了的影像或感觉。

　　本文"具体的"第二义是特殊的或个别的事件,暗示抽象的一般的情形

的。文中所谓"抽象的材料"（狭义）便是这一般的情形。《伐檀》所暗示的"社会不平等"❾是"诗人时代"一般的情形。胡先生在《中国古代哲学史》里也说到这篇诗。他说："封建时代的阶级虽然渐渐消灭了，却新添了一种生计上的阶级。那时社会渐渐成了一个贫富很不平均的社会，富贵的太富贵了，贫苦的太贫苦了。""有些人对着黑暗的时局腐败的社会，却不肯低头下心的忍受。他们受了冤屈，定要作不平之鸣的。你看那《伐檀》的诗人对于那时的'君子'，何等冷嘲热骂！"又，杜甫的《石壕吏》❿：

> 暮投石壕村，有吏夜捉人，老翁逾墙走，老妇出门看。
>
> 吏呼一何怒！妇啼一何苦！听妇前致词："三男邺城戍。一男附书至，二男新战死。生者且偷生，死者长已矣！室中更无人，惟有乳下孙。有孙母未去，出入无完裙。老妪力虽衰，请从吏夜归，急应河阳役，犹得备晨炊。"
>
> 夜久语声绝，如闻泣幽咽。——天明登前途，独与老翁别。

胡先生在《论短篇小说》里说："这首诗写天宝之乱，只写一个过路投宿的客人夜里偷听得的事并安插一句议论，能使人觉得那时代征兵之制的大害，百姓的痛苦，壮丁死亡的多，差役捉人的横行：——都在眼前。捉人捉到了生了孙儿的祖老太太，别的更可想而知了。"

白乐天的《新乐府》⓫有序说："首句标其目，卒章显其志，'诗三百'之义也。其辞质而径，欲见之者易谕也。其言直而切，欲闻之者深诫也。其事核而实，使采之者传信也。其体顺而肆，可以播于乐章歌曲也。总而言之，为君为臣为物为事而作，不为文而作也。"《新丰折臂翁》的"标目"是"戒边功"，那诗道：

新丰老翁八十八,头鬓眉须皆似雪。玄孙扶向店前行,左臂凭肩右臂折。

问翁臂折来几年,兼问致折何因缘。翁云贯属新丰县,生逢圣代无征战;惯听梨园歌管声,不识旗枪与弓箭。无何天宝大征兵,户有三丁点一丁。点得驱将何处去?五月万里云南行。闻道云南有泸水,椒花落时瘴烟起。大军徒涉水如汤,未过十人二三死,村南村北哭声哀,儿别爷娘夫别妻;皆云前后征蛮者,千万人行无一回。

是时翁年二十四,兵部牒中有名字。夜深不敢使人知,偷将大石捶折臂。张弓簸旗俱不堪,从兹始免征云南。骨碎筋伤非不苦,且图拣退归乡土。此臂折来六十年,一肢虽废一身全。至今风雨阴寒夜,直到天明痛不眠。痛不眠,终不悔,且喜老身今独在。不然当时泸水头,身死魂孤骨不收。应作云南望乡鬼,万人冢上哭呦呦。

老人言,君听取。君不闻开元宰相宋开府,不赏边功防黩武?又不闻天宝宰相杨国忠,欲求恩幸立边功?边功未立生人怨,请问新丰折臂翁。

《论短篇小说》里说这是《新乐府》中最妙的一首。"看他写'是时翁年二十四……偷将大石捶折臂',使人不得不发生'苛政猛于虎'的思想"。又说:"只因为他有点迂腐气,所以处处要把做诗的'本意'来做结尾(所谓"卒章显其志");即如'新丰折臂翁'篇末加上'君不见开元宰相宋开府'一段,便没有趣味了。"但《卖炭翁》却不如此。这一首"标目"是"苦宫市",诗道:

卖炭翁,伐薪烧炭南山中,满面尘灰烟火色,两鬓苍苍十指黑。卖炭得钱所何营?身上衣裳口中食。可怜身上衣正单,心忧炭贱愿天寒。

夜来城外一尺雪,晓驾炭车辗冰辙。牛困人饥日已高,市南门外泥中歇。两骑翩翩来是谁?黄衣使者白衫儿,手把文书口称"敕",回车叱牛牵向北。一车炭重千余斤,宫使驱将惜不得;半匹红纱一丈绫,系向牛头充炭直。

这是宫官仗势低价强买老百姓辛苦做成靠着营衣食的东西。买炭如此,买别的也可想而知。《新乐府》的具体性,这两首便可代表,《上阳白发人》从略。这两首和杜甫的《石壕吏》也都是从特殊的或个别的事件暗示当时一般的情形。

白乐天的《新乐府》标明"乐府",序里又说明他作那些诗的用意;他是采取"诗三百之义"的。他取"诗三百之义",不止于"首句标其目,卒章显其志",并且真个要做到《诗大序》里解释"风"诗的话,"下以风刺上,主文(按旧解,是合乐的意思)而谲谏,言之者无罪,闻之者足以戒"。杜甫的《石壕吏》等诗也是乐府体,不过不"标目"、"显志",也不希望合乐罢了。

在汉代,乐府诗大部分原是民歌,和三百篇里的风诗确有相同的地方。但风诗多是抒情诗,乐府却有不少叙事诗。《伐檀》是抒情的,《石壕吏》《新丰折臂翁》《上阳白发人》都是叙事的。风诗大部分只是像《诗大序》说的"情动于中而形于言",并不是"谲谏",乐府也只如此。固然也有"卒章显其志"的,如《魏风·葛屦》的"维是褊心,是以为刺",《孔雀东南飞》的"多谢后世人,戒之慎勿忘"之类,可是很少。

杜甫的乐府体的叙事诗也只是"情动于中而形于言";同《伐檀》一类的风诗和汉乐府的一些叙事诗一样,都只是从特殊的或个别的事件,暗示或见出一般的情形。这一般的情形渗透在那特殊的个别的事件里,并不是分开的,所谓"暗示",要显得是无意为之。白乐天的《新乐府》却不如此。他是有

意的"借"特殊的个别的事件来暗示——有时简直是表明——一般的情形。这有意的"借"，使他往往忽略事件的本身，结果还是抽象的议论。如本文所举的《七德舞》，"标目"是"美拨乱，陈王业"，是歌颂唐太宗的功德的，诗中列举了太宗许多事实，但都是简单的轮廓，具体的不够程度，又夹杂了些抽象的说明，弄得那些简单的具体的事实都成了那些抽象的道理的例子。《司天台》、《采诗官》两首更其如此。现在只举《采诗官》，"标目"是"鉴前王乱亡之由"：

> 采诗歌，采诗听歌导人言。言者无罪闻者诚，下流上通上下泰。
> 周灭秦兴至隋氏，十代采诗官不置。郊庙登官赞君美，乐府艳词悦君意。若求兴谕规刺言，万句千章无一字。不是章句无规刺，渐及朝廷绝讽议。诤臣杜口为冗员，谏鼓高悬作虚器。一人负扆常端默，百辟入门两自媚。夕郎所贺皆德音，春官每奏唯祥瑞。君之堂兮千里远，君之门兮九重閟。君耳唯闻堂上言，君眼不见门前事。贪吏害民无所忌，奸臣蔽君无所畏。
> 君不见厉王、胡亥之末年，群臣有利君无利！君兮君兮愿听此：欲开壅蔽达人情，先向歌诗求讽刺！

这里只有"君之堂兮千里远"四语可以算是"具体的写法"，别的都是些概念的事实和抽象的议论。白乐天原偏重在抽象的道理，所谓"迂腐气"；他的《新乐府》不违背他的意旨，但是不成诗。《新丰折臂翁》和《卖炭翁》是诗；可是《折臂翁》结尾表明"本意"，"便没有趣味了"。"本意"是主，故事是宾，打成两橛，两边儿都不讨好；"本意"既不能像用散文时透彻的达出，诗也只是手段，不是目的，降低了身分，让人不重视。白乐天在《新乐府》序里也明

说这些诗和一般的诗不同;所以他编集时别称为"讽谕诗"。但他之所以成为大诗人,却并不在这些"讽谕诗"上。

本文引李义山诗"历览前贤国与家,成由勤俭败(破)由奢",说"这不成诗","因为他用的是几个抽象的名词,不能引起什么明了浓丽的影像"❹。这是"咏史诗",全诗是:

> 历览前贤国与家,成由勤俭败(破)由奢。何须琥珀方为枕? 岂得真珠始是车? 运去不逢青海马;力穷难拔蜀山蛇。几人曾预《南薰曲》?终古苍梧哭翠华!

这里第一联是抽象的道理,以下三联倒都是具体的事例。第二联讥刺服用的"奢",第三联引用汉武帝和秦惠王的故事的片段,说好边功的终必至于耗尽民财,无所成就而止。这自然也是"奢"。第四联引舜的《南薰曲》,那歌曲的末二语是"南风之时兮,可以阜吾民之财兮!"舜自己"土阶茅茨",却想着"阜民之财";这才是一位"勤俭"的帝王,值得永远的慕念。舜的"成"是不消说的,中二联所说的"奢"的事例也都暗示着"破"的意思。这大概是讽刺当时的诗。只可惜首联的抽象的道理破坏了"诗的具体性",和《新丰折臂翁》的短处差不多。不同的是这一联只靠"勤"、"俭"、"奢"几个极宽泛的概念作骨子,那是上文引过的几首白乐天的诗里都没有的。这种高度的抽象的名词却能将李义山的"本意"明快的达出,不过比白乐天那几首里的概念的事实和抽象的议论是更其散文的,更其抽象的了。

本文"具体的"第三义是比喻,用来说道理的。这道理便是文中所谓"抽象的题目"。"抽象的题目"大都是高度抽象的概念。旧诗和词曲里也写这种抽象的题目",但只是兴之所至,带说几句,很少认真阐发的。这种是"理

语"，却不算"抽象的议论"，因为有"理趣"的缘故。就上文所举古诗十九首的例子看：第一例"陵上柏"、"涧中石"都是具体的材料，用来和"人生"比较的，"远行客"是比喻，这当然不会是"抽象的议论"；第二例"所遇无故物，焉得不速老！"是从"四顾何茫茫，东风摇百草"而来的感慨；第三例"去者日以疏，生者日以亲"是从"出郭门直视，但见丘与坟……"而来的感慨。这些是抽象的道理，可是用迫切的口气说出，极"经济的"说出，便带了情感的晕光，不纯然是冷冰冰的道理了。因此，这两例里抽象的和具体的便打成一片了；第四例"人生不满百，常怀千岁忧"，也是迫切的口气，"经济的"手段，也是带了情韵的道理。这些也都和"抽象的议论"不一样。

又如，陶渊明《庚戌岁九月中于西田获早稻》诗开端道，"人生归有道，衣食固其端。孰是都不营，而以求自安！"说得太迫切了，又极"经济的"，便不觉得是散文的议论了。胡先生在《白话文学史》里说渊明的诗里虽也有哲学，但那是他自己从生活里体验得来的哲学，所以觉得亲切。这话是不错的。谢灵运《从斤竹涧越岭溪行》诗结尾道："情用赏为美，事昧竟谁辨！观此遗物虑，一悟得所遣。""情用赏为美"也是灵运游山玩水体验得来的道理，这是"片言居要"，不是"抽象的议论"。但下面三语却是的。——全诗写一个"抽象的题目"的极罕见，我们愿意举一个特别的然而熟悉的例。这是朱熹的《观书有感》，诗道：

半亩方塘一鉴开，天光云影共徘徊。问渠"那得清如许？""为有源头活水来。"

这儿"抽象的题目"似乎是"读书可以明理定心"。朱熹《答江端伯书》说："为学不可以不读书。而读书之法，又当熟读沉思，反覆涵泳。铢积寸累，久

自见功;不惟理明,心亦自定。"这一节话可以用来说明本诗的意旨——就是那"抽象的题目"。本诗是用比喻说道理——还是那"抽象的题目"——;那"水塘"的比喻是一套儿,却分为三层,每层又各有"喻体"和"喻依"。镜子般清亮的"半亩方塘"是喻依,喻体是方寸的心。这是一。"天光云影"是喻依,喻体是种种善恶的事物,这是二。"源头活水"是喻依,喻体是"铢积寸累"的知识,这是三。喻依和喻体配合起来见出意旨。第一层的意旨是定下的心,第二层是心能分别是非,第三层是为学当读书。这儿每层的喻体和喻依都达到水乳交融的地步,而三层衔接起来,也像天衣无缝似的。这是因为这一套喻依里渗透了过去文学中对于自然界的情感,和作者对于自然界的情感;他其实并不是"用"比喻说道理,而是从比喻见出或暗示道理——这道理是融化在情感里的。所以本诗即使单从字面的意义看,也不失为一首情景交融,有"具体性"的诗。

本文引傅斯年先生《前倨后恭》的诗,说是"抽象的题目用抽象的写法",结果是"抽象的议论"❶。又引沈尹默先生《赤裸裸》的诗,说"他本想用具体的比喻","结果还是一篇抽象的议论"❶。《前倨后恭》里也并非没有用具体的材料,如文中所引的一段里便有"你也不削一块肉","你也不长一块肉"的句子。再说全诗似乎用的是"对称"的口气,意思也是要使这首诗成为具体的一番话。但那些"话料"没有经过适当的选择,多是概念的,便不能引起读者对于诗中境地的明了的影像。这其实是具体的不够程度。

《赤裸裸》里用的"衣服"的比喻也是一套儿,却有三方面:"赤裸裸"、"没污浊"的"清白的身"是喻依,自然而率真的人性是喻体,这是一。"重重的裹着"的"衣服"是喻依,礼教是喻体,这是二。"污浊的"身是喻依,罪恶是喻体,这是三。全诗的意旨在"攻击那些作伪的礼教"。这里"清白的"和"污浊的"都是抽象的词;三个喻依中间,有两个只是概念,不成其为喻依。

这还是具体的不够程度。还有那三个问句,"这是为什么?"、"难道……不好见人吗?"、"就算免了耻辱吗?"也是表明的,不是暗示的;这里缺少了那情感的晕光,便成了散文,不是诗了。关于"具体的"和"抽象的"的程度,本文虽然提出,可没有确切说明。我们在上文里已经补充了一些,这里还想找补一点儿。本文第五六节所引的例子,胡先生似乎以为它们有同等的"具体性",细看却有些分别。"红绽雨肥梅","四更山吐月,残夜水明楼","五月榴花照眼明",这几句里"肥"字"吐"字,第二个"明"字,似乎都是新创的比喻。这些比喻增加影像的活泼和明了的程度,也就是增加了诗的"明白清楚"和"逼人性",所以比别的例子更具体些。

二

本文举了两首"抽象的题目用具体的写法"的成功的新诗。这两首诗都反映着我们的启蒙时代。一首是沈尹默先生的《生机》❻。这诗里"冷的天气"、"草木"、"生机",都是喻依,喻体依次是恶劣的环境、人事、希望;全诗的意旨是"乐观"。另一首是胡先生自己的《老鸦》,这儿只引了第一节❼。"老鸦"是喻依,喻体是社会改革者;"哑哑的啼"、"不吉利"、"呢呢喃喃"(的燕子)是喻依,喻体依次是苦口良言、不合时宜、同流合污的人。全诗的意旨是独行其是,不屈己从人。这首诗全是老鸦自述的话,这是增加"具体性"的一个法子。但这两首诗的喻依并没有多少文学的背景,而作者们渗进去的情感也不大够似的;单从字面的意义看,沈先生对于"草木"的态度,胡先生对于"老鸦"的态度,好像都嫌冷淡一些。他们两位还是"用"比喻说道理,不是从比喻见出或暗示道理;所以不免让读者将那些喻体和喻依分成两截看。还有,《生机》那一首也欠"经济"些。那时新诗刚在创始,这也无怪其然。从

那时起,渐渐的,渐渐的,喻体和喻依能够达到水乳交融的地步的作品,就多起来了。

本文论到"诗的具体性",说"愈偏向具体的,愈有诗意诗味"**⓭**。胡先生在《什么是文学》里说,"达意达得好,表情表得妙"的便是文学。诗自然也不外乎此。所谓"达意达得好,表情表得妙",便是选择并安排种种的材料,使情意的效力增加到最大的限度。这种种材料是描写的、确切的,也就是具体的。因为"确切",便不能是寻常的表明而该是特殊的暗示了。这种"描写的确切"不在使人思而在逼人感。这需要"精密的观察,高深的理想,复杂的感情",以及"写实的描画"——这需要创造的工夫。那增加到最大限度的情意的效力,便是"诗意诗味"。这种"诗意诗味"却并不一定在诗的形式里。本文提到有一个人在北京《晨报》里投稿,说傅斯年先生《一段疯话》最后的十六个字是诗不是文**⓮**。那十六个字是:

我们带着孩子,跟着疯子走,走向光明去。

胡先生也承认这是诗,因为是"具体的写法"**⓯**。这该是"具体的"第三义;暗示"社会改革者不合时宜,只率性独行其是"的意旨。由此可见诗和文的分界并不是绝对的。就形式上说,从前诗有韵,文无韵,似乎分得很清楚。但歌诀也有韵;骈文虽不一定有韵,却有律,和近体诗是差不多的。到了新诗,既不一定有韵,更不一定有律,所有的好像只是"行"罢了。但是分行不像韵和律那样有明白的规则可据,只是靠着所谓"自然的音节"。我们所能说的只是新诗的词句比白话散文"经济"些,音节也整齐些紧凑些罢了。这界线其实是不很斩截的。就内容上说,文是判断的、分析的,诗不然。但文也有不判断不分析而依于情韵的,特别是骈文;古文和白话文里也都有。傅先生

的那一句便是白话文的例子。这儿我们所能说的只是，特别私人的，特别强度的情感，写成诗合宜些。但这界线也是不很斩截的。

胡先生在《什么是文学》里说到他不赞成纯文学杂文学的分别；配合本文的讨论，他大概也不赞成诗文的绝对的分别。本来，这个分别不是绝对的。还有，本篇将旧诗和词曲都叫做"诗"，这也不是传统的观念。从前词是"诗余"，曲是"词余"——不过曲虽叫做"词余"，事实上却占着和词同等的地位。诗和词曲不但形式不同，而且尊卑有别；诗是有大作用的，词曲只是"小道"，只是顽意儿。这种尊卑的分别似乎不是本质的而是外在的。本篇将它打破也有道理。

本篇所谓"诗"，具体的说，包括从"三百篇"到"新诗"，范围是很大的。抽象的说，诗的根本标准是"具体性"，所谓"诗意诗味"；这是抽象的"是诗"或"不成诗"的分界，却不是具体的诗和文的分界。——其实"具体性"也不限于诗。演说、作论文，能多用适当的例子和适当的比喻，也可以增加效力。即如本文，头绪不多，也不复杂，只因选择了适当的例子，适当的安排进去，便能明白起信。不过这种"具体性"赶不上"诗的具体性"那么确切和紧张，也不带情韵罢了。

封建论

柳宗元

❶天地果无初乎？吾不得而知之也。生人（民）果有初乎？吾不得而知之也。然则孰为近？曰，有初为近。孰明之？由封建而明之也。彼封建者，更古圣王尧舜禹汤文武而莫能去之。盖非不欲去之也，势不可也。势之来，其生人（民）之初乎？不初无以有封建；封建非圣人意也。

❷彼其初与万物俱生，草木榛榛，鹿豕狉狉。人不能搏噬，而且无毛羽，莫克自奉自卫——荀卿有言，必将"假物"以为用者也。夫"假物"者必争。争而不已，必就其能断曲直者而听命焉。其智而明者，所伏必众。告之以直而不改，必痛之而后畏。由是君长刑政生焉。故近者聚而为群。群之分，其争必大。大而后有兵有

德。又有大者,众群之长又就而听命焉,以安其属。于是有诸侯之列。则其争又有大者焉。德又大者,诸侯之列又就而听命焉,以安其封。于是有方伯连帅之类。则其争又有大者焉。德又大者,方伯连帅之类又就而听命焉,以安其人(民)。然后天下会于一。是故有里胥而后有县大夫,有县大夫而后有诸侯,有诸侯而后有方伯连帅,有方伯连帅而后有天子。自天子至于里胥,其德在人(民)者,死必求其嗣而奉之。故封建非圣人意也,势也。

❸夫尧舜禹汤之事远矣,及有周而甚详。周有天下,裂土田而瓜分之,设五等,邦群后;布履星罗,四周于天下,轮运而辐集,合为朝觐、会同,离为守臣、扞城。然而降于夷王,害礼伤尊,下堂而迎觐者。历于宣王,挟中兴复古之德,雄南征北伐之威,卒不能定鲁侯之嗣。陵夷迄于幽厉,王室东徙,而自列为诸侯矣。厥后问鼎之轻重者有之,射王中肩者有之,伐凡伯、诛苌弘者有之。天下乖盭,无君君之心。余以为周之丧久矣,徒建空名于公侯之上耳。得非诸侯之盛强,末大不掉之咎欤?遂判为十二,合为七国,威分于陪臣之邦,国殄于后封之秦。则周之败端,其在乎此矣。

❹秦有天下,裂都会而为之郡邑,废侯卫而为之守宰。据天下之雄图,都六合之上游,摄制四海,运于掌握之内。此其所以为得也。不数载而天下大坏,其有由矣:亟役万人(民),暴其威刑,竭其货贿,负锄梃谪戍之徒,圜视而合从,大呼而成群。时则有判人(民)而无叛吏。人(民)怨于下而吏畏于上;天下相合,杀守劫令而并起。咎在人(民)怨,非郡邑之制失也。

❺汉有天下,矫秦之枉,徇周之制,剖海内而立宗子,封功臣。数年之间,奔命扶伤而不暇;困平城,病流矢。陵迟不救者三代。后乃谋臣献画,而离削自守矣。然而封建之始,郡邑居半。时则有叛国无叛郡。秦制之得,亦以明矣。继汉而帝者,虽百代(世)可知也。

❻唐兴,制州邑,立守宰。此其所以为宜也。然犹桀猾时起,虐害方域

者,失不在于州而在于兵。时则有叛将而无叛州,州县之设,固不可革也。

❼或者曰,封建者,必私其土,子其人(民),适其俗,修其理(治),施化易也。守宰者,苟其心,思迁其秩而已,何能理(治)乎? 余又非之:

❽周之事迹断可见矣。列侯骄盈,黩货事戎。大凡乱国多,理(治)国寡。侯伯不得变其政,天子不得变其君。私土子人(民)者百不有一。失在于制,不在于政。周事然也。

❾秦之事迹亦断可见矣。有理(治)人(民)制而不委郡邑是矣;有理(治)人(民)之臣而不使守宰是矣。郡邑不得正其制,守宰不得行其理(治);酷刑苦役,而万人(民)侧目。失在于政,不在于制。秦事然也。

❿汉兴,天子之政行于郡不行于国,制有守宰,不制其侯王。侯王虽乱,不可变也;国人虽病,不可除也。及夫大逆不道,然后掩捕而迁之,勒兵而夷之耳。大逆未彰,奸利浚财,怙势作威,大刻于民者;无如之何。及夫郡邑,可谓理(治)且安矣。何以言之? 且汉知孟舒于田叔,得魏尚于冯唐,闻黄霸之明审,睹汲黯之简靖,拜之,可也,复其位,可也,卧而委之以辑一方,可也。有罪得以黜,有能得以赏——朝拜而不道,夕斥之矣;夕受而不法,朝斥之矣。设使汉室尽城邑而侯王之,纵令其乱人(民),戚之而已;孟舒魏尚之术莫得而施,黄霸汲黯之化莫得而行。明谴而导之,拜受而退已达矣。下令而削之,缔交合从之谋周于同列,则相顾裂眦,勃然而起。——幸而不起,则削其半;削其半,民犹瘁矣。曷若举而移之,以全其人(民)乎? 汉事然也。

⓫今国家尽制郡邑、连置守宰,其不可变也固矣。善制兵,谨择守,则理(治)平矣。

⓬或者又曰,夏商周封建而延,秦郡邑而促,——尤非所谓知理(治)者也。魏之承汉也,封爵犹建;晋之承魏也,因循不革。而二姓陵替,不闻延祚。今矫而变之,垂二百祀,大业弥固——何系于诸侯哉?

❸或者又以为,殷周,圣王也,而不革其制,固不当复议也。是大不然。夫殷周之不革者,是不得已也。盖以诸侯归殷者三千焉,资以黜夏,汤不得而废;归周者八百焉,资以胜殷,武王不得而易。徇之以为安,仍之以为俗,汤武之所不得已也。夫不得已,非公之大者也;私其力于已也,私其卫于子孙也。秦之所以革之者,其为制,公之大者也,其情私也;私其一已之威也,私其尽臣畜于我也。然而公天下之端自秦始。

❹夫天下之道理(治)安,斯得人者也。使贤者居上,不肖者居下,而后可以理(治)安。今夫封建者,继世而理(治)。继世而理(治)者,上果贤乎?下果不肖乎?则生人(民)之理(治)乱未可知也。将欲利其社稷,以一其人(民)之视听,则又有世大夫世食禄邑,以尽其封略。圣贤生于其时,亦无以立于天下。封建者为之也。岂圣人之制使至于是乎?吾固曰:非圣人之意也,势也。

指导大概

本篇是议论文,而且是议论文中的辩论文。辩论的题目是封建制和郡县制的得失。辩论的对象是魏代的曹冏,他作《六代论》,晋代的陆机,他作《五等论》,都是拥护封建的人;还有唐代的杜佑等。曹、陆的论,《文选》里有;杜佑等的意见,载在《唐书·宗室传赞》里——那“赞”里也节录了本篇的文字。本篇着重实际的政制,所以历引周秦汉唐的事迹作证。但实际的政制总得有理论的根据;曹、陆都曾举出他们理论的根据。柳宗元是反对封建的,他也有他的政治哲学作根据,这便是“势”。他再三的说,“封建非圣人意也,势也”❶❷❹。这是全篇的主旨。柳宗元生在安史乱后,又亲见朱泚、朱滔、李希烈、王武俊、吴少诚、吴元济、王承宗诸人作乱。这些都是“藩镇”,都

是军阀的割据。篇中所谓"叛将",便指的这些人。他们委任官吏,截留税款,全不把朝廷放在眼里。这很像"春秋时代"强大的诸侯。柳宗元反对封建,是在这一种背景里。他是因为对于当时政治的关心才引起了对于封建制的历史的兴趣;所以引证的事实一直到唐代,而且对于当时的局面还建议了一个简要的原则❶,供执政者参考。——柳宗元是唐朝的臣子,照例得避本朝帝王的讳。太宗讳"世民",文中"世"作"代","民"作"人"——文中有两个"民"字❿,大概是传刻的人改的。高宗讳"治",文中作"理"。当时人都得如此,不独柳宗元一个。今在想着该是避讳的字下,都用括弧注出应作的本字,也许看起来明白些。

曹、陆都以为封建是"圣人意"。《六代论》说:"夫与人共其乐者,人必忧其忧;与人同其安者,人必拯其危。先王知独治之不能久也,故与人共治之,知独守之不能固也,故与人共守之。"《五等论》也说:"夫先王知帝业至重,天下至旷;旷不可以偏制,重不可以独任;任重必于借力,制旷终乎因人。于是乎立其封疆之典,财(同"裁")其亲疏之宜,使万国相维以成磐石之固,宗庶杂居而定'维城'之业。"共忧乐,同安危,便是封建制的理论的根据。曹、陆都说这是"先王知",可见是"圣人意"。这是封建论者共同的主要的论据。柳宗元反对封建,得先打破这个论据。这是本篇主要的工作❶—❻。

"封建非圣人意也,势也"便是针对着曹、陆的理论而发的。柳宗元还说:"彼封建者,更古圣王尧舜禹汤文武而莫能去之。盖非不欲去之也,势不可也。"❶那么,不但"封建非圣人意",圣人并且要废除封建,只是"势不可"罢了。说到"势",便得从封建起源或社会起源着眼,这便是所谓"生人(民)之初"❶。柳宗元似乎不相信古传的"天作君师"说(孟子引《逸尚书》);他以为"君长刑政"起于"争"。人与人因物资而争,其中"智而明者"给他们"断曲直",施刑罚,让他们息争。这就是"君长"。有"君长刑政"然后有秩

序,然后有"群"。群与群又因物资相争,息争的是兵强德大的人;于是乎有诸侯。诸侯相争,息争的是德大的人;于是乎有方伯连帅。方伯连帅相争,息争的是德更大的人;于是乎有天子。"然后天下会于一"❷。群的发展是自小而大,自下而上。这是柳宗元的封建起源论、社会起源论,也就是他的政治哲学。所谓"势",就指这种自然的发展而言。他的理论大概是从荀子来的。《荀子·礼论》篇说:"人生而有欲。欲而不得,则不能无求。求而无度量分界,则不能不争,争则乱,乱则穷。先王恶其乱也,故制礼义以分之。"《君道》篇又说:"君者,何也? 曰,能群也。"这便是"君长刑政"起于"争"的道理,不过说得不成系统罢了。"假物"也是借用《荀子·劝学》篇"君子……善假于物"的话,篇中已提明荀卿。至于那种层次的发展,是恰和《墨子·尚同》篇所说翻了个个儿。《尚同》篇以为"正长"、"刑政"起于"乱";而封建的社会的发展是自天子至于"乡里之长",是自大而小,自上而下。柳宗元建立了他的封建起源论、社会起源论,接着就说"自天子至于里胥,其德在人(民)者,死必求其嗣而奉之"❷。这是说明封建的世袭制的来由,但未免太简单化了些。

可是社会的自然发展是"势",圣人的"不得已"也是"势"。篇中论汤武不革除封建制的缘故道:"盖以诸侯归殷者三千焉,资以黜夏,汤不得而废;归周者八百焉,资以胜殷,武王不得而易。徇之以为安,仍之以为俗,汤武之所不得已也。"❸"徇之以为安,仍之以为俗",不免是姑息,不免是妥协。所以接着便说:"夫汤武之不得已,非公之大者也;私其力于己也,私其卫于子孙也"❸。这种"不得已"出于私心,虽然也是"势",却跟那圣人也无可奈何的"生人(民)之初"的"势"不一样。但是无论怎么样,封建"非圣人之意"是一定的。在封建的世袭制下,"世大夫世食禄邑,以尽其封略;圣贤生于其时,亦无以立于天下"❹。圣人哪会定下这种不公的制度呢?

本篇除辩明"封建非圣人意也,势也"这个主旨以外,还设了三个难。末一难是"殷周,圣王也,而不革其制,固不当复议也"。柳宗元便举出"汤武之所不得已"来破这一难,已见上。中一难是"夏商周封建而延,秦郡邑而促"❷。《六代论》开端就说"昔夏殷周之历世数十,而秦二世而亡";杜佑也以为封建制"主祚常永",郡县制"主祚常促"。但这也是封建论者一般的意见,因为周历年八百,秦二世而亡,可以作他们的有力的证据。柳宗元却只举魏晋唐三代作反证。魏晋两代,封建制还存着,"而二姓陵替,不闻延祚";唐代改了郡县制,"垂二百祀,大业弥固"❷。可见朝代的长短和封建是无关的。头一难是:"封建者,必私其土,子其人(民),适其俗,修其理(治),施化易也。守宰者,苟其心,思迁其秩而已,何能理(治)乎?"❼这也是《五等论》里一层主要的意思,而且是陆机自己的见解——他那"共忧乐,同安危"的论据是袭用曹冏的。这里他说:"五等之君为己思治,郡县之长为利图物。何以征之?盖企及进取,仕子之常志;修己安民,良士之所希及。夫进取之情锐而安民之誉迟。是故侵百姓以利己者,在位所不惮,损实事以养民者,官长所夙夜也。君无卒岁之图,臣挟一时之志。五等则不然,知国为己土,众皆我民,民安己受其利,国伤家婴其病。故前人欲以垂后,后嗣思其堂构;为上无苟且之心,群下知胶固之义。"共忧乐,同安危,是从治者方面看,"施化"的难易是从受治者方面看。这后一层的重要仅次于前者,也是封建论者一种有力的论据。所以本篇列为头一难。别的两难,柳宗元只简单的驳了过去;只对于这一难,却历引周秦汉唐的事迹,证明它的不正确。他对于"共忧乐,同安危"那个论据,除建立了新的替代的"势"的理论外,也曾引周秦汉唐的事迹作证。这一难的重要性由此可见。篇中两回引周秦汉唐的事迹,观点却不同。一回着重在"制",在治者;一回着重在"政",在被治者。但从实际的政治里比较封建制和郡县制的得失,却是一样的。

　　照全篇所论，封建制有三失。一是"诸侯盛强，末大不掉"，天子"徒建空名于诸侯之上"❸。二是"列侯骄盈，黩货事戎；大凡乱国多，理（治）国寡"❽。三是"继世而理（治）"，君长的贤不肖未可知，"生人（民）之理（治）乱未可知"⓮。因为"末大不掉"，便有陆机说的"侵弱之辱"，"土崩之困"；本篇论周代的末路"判为十二，分为七国，威分于陪臣之邦，国殄于后封之秦"❸，正是这种现象。因为"列侯骄盈，黩货事戎"，便不免"奸利浚财，怙势作威，大刻于民"的情形❿。而这两种流弊大半由于"继世而理（治）"，便是所谓"世袭"。"生人（民）之初"，各级的君长至少是"智而明者"，此外"有兵有德"；愈是高级的君长德愈大❷。虽然在我们看，这只是个理想，但柳宗元自己应该相信这是真的，他也应该盼望本篇的读者相信这是真的。那么，封建制刚开头的时候，该是没有什么弊病的。弊病似乎起于"其德在人（民）者，死必求其嗣而奉之"❷。这就是"继世而理（治）"。"继世而理（治）"的嗣君不必是"智而明者"，更不必"有德"。这种世袭制普遍推行，世君之下，又有"世大夫"，使得"圣贤生于其时，亦无以立于天下"⓮。这不是和"生人（民）之初"、"智而明者""有德"者做君长的局面刚刚相反了吗？

　　自然，事实上世袭制和封建制是分不开的，是二而一的。可是柳宗元直到篇末才将"继世而理（治）"的流弊概括的提了一下，似乎也太忽略了这制度的重要性了？不，他不是忽略，他有他的苦衷。他生在君主世袭的时代，怎能明目张胆的攻击世袭制呢？他只能主张将无数世袭的"君长"归并为一个世袭的天子，他只能盼望这个世袭的天子会选贤与能去做"守宰"。篇中所论郡县制之得有二。一是"摄制四海，运于掌握之内"❹，便是中央集权的意思。二是陆机所谓"官方（宜也）庸（同"用"）能"；按本篇的说法，便是"孟舒魏尚之术"可得而施，"黄霸汲黯之化"可得而行❿——一方面也便是圣贤有以立于天下⓮。但本篇重在"破"而不在"立"，封建之失，指摘得很详细，

郡县之得,只略举纲目罢了。

本篇论历代政制的得失,只举周秦汉唐四代。"尧舜禹汤之事远"❸,所以存而不论。尧舜禹汤时代的史料留传的太少,难以考信,存而不论是很谨慎的态度。"及有周而甚详"❸,从周说起,文献是足征的。不但文献足征,周更是封建制的极盛时期和衰落时期。这里差不多可以看见封建制的全副面目。这是封建制的最完备最适当的代表。而周代八百年天下,又是封建论者所艳羡的,并且是他们凭借着起人信心的实证。秦是第一个废封建置郡县的朝代;这是一个革命的朝代。可是二世而亡,留给论史家许多争辩。封建论者很容易的指出,这短短的一代是封建制的反面的铁证。反封建论者像柳宗元这样,却得很费心思来解释秦的亡并不在郡县制上——郡县固然亡,封建还是会亡的。汉是封建和郡县两制并用;郡县制有了长足的发展,封建制也经过几番修正,渐渐达到名存实亡的地步。年代又相当长。这是郡县制成功的时代,也是最宜于比较两种制度的得失的时代。

所以本篇说,"继汉而帝者,虽百代(世)可知也"❺。汉可以代表魏晋等代;篇中只将魏晋带了一笔,并不详叙,便是为此。汉其实也未尝不可代表唐。但柳宗元是唐人,他固然不肯忽略自己的时代;而更有关系的是安史以来的"藩镇"的局面,那不能算封建却又像封建的,别的朝代未尝没有这种情形,却不像唐代的显著和深烈,这是柳宗元所最关心的。他的反封建,不但是学术的兴趣,还有切肤之痛。就这两种制度本身看,唐代并不需要特别提出;但他却两回将本朝跟周秦汉相提并论,可见是怎样的郑重其事了。《唐书·宗室传赞》说杜佑、柳宗元论封建:"深探其本,据古验今而反复焉。"杜佑的全文不可见;以本篇而论,这却是一个很确切的评语。"深探其本"指立封建起源论,"据古验今而反复"正指两回将唐代跟周秦汉一并引作论证。

篇中两回引证周秦汉唐的事迹,观点虽然不同,而"制"的得失须由"政"

见,所论不免有共同的地方,评为"反复"是不错的。第一回引证以"制"为主,所以有"非郡邑之制失"[4],"徇周之制","秦制之得"[5],"州县之设,固不可革"[6]等语。这里周制之失是"末大不掉"[3],秦制之得是"摄制四海,运于掌握之内"[4];汉代兼用两制,"有叛国而无叛郡"[5],得失最是分明。秦虽二世而亡,但"有叛人(民)而无叛吏"[4],可见"非郡邑之制失"。唐用秦制,虽然"桀猾时起,虐害方域",但"有叛将而无叛州",可见"失不在于州而在于兵"[6]。兵原也可以息争,却只能用于小群小争。群大了,争大了,便得"有德",而且得有大德。"藩镇"是大群,有大争;而有兵无德,自然便乱起来了。——这番征引是证明"封建非圣人意也,势也"那个主旨。第二回引证以"政"为主,所以有"侯伯不得变其政","失在于制,不在于政"[8],"失在于政,不在于制"[9],"天子之政行于郡不行于国"[10]等语。周虽失"政",但"侯伯不得变其政,天子不得变其君",上下牵掣,以至于此。所以真正的失,还"在于制,不在于政"。"秦制"是"得"了,而郡邑无权,守宰不得人;二世而亡,"失在于政"。"汉兴,天子之政行于郡不行于国","侯王虽乱,不可变也;国人虽病,不可除也"。及夫郡邑,可谓理(治)且安矣[10]。

篇中接着举出孟舒、魏尚、黄霸、汲黯几个贤明的守宰。"政"因于"制",由此可见。至于唐"尽制郡邑,连置守宰"[11],"制"是已然"得"了,只要"善制兵,谨择守",便会"理(治)平"[11],不致失"政"。这就是上文提到的柳宗元向当时执政者建议的简要的原则了。——这番征引是证明郡县的守宰"施化易"而"能理(治)"[7],回答那第一难。郡县制的朝代虽也会二世而亡,虽也会"桀猾时起,虐害方域"[9],但这是没有认真施行郡县制的弊病,郡县制本身并无弊病。封建制本身却就有弊病,"政"虽有一时的得失,"侵弱之辱"、"土崩之困"终久是必然的。——篇中征引,第一回详于周事,第二回详于汉事。这因为周是封建制的代表,汉是"政"因于"制"的实证的缘故。

唐是柳宗元自己的时代,他知道的事迹应该最多,可是说的最少。一来是因为就封建、郡县两制而论,唐代本不占重要的地位,用不着详其所不当详。二来也许是因为当代人论当代事,容易触犯忌讳,所以还是概括一些的好。

政制的作用在求"理(治)平"⓫或"理(治)安"⓾⓮,这是"天下之道"。"理(治)安"在乎"得人","使贤者居上,不肖者居下,而后可以理(治)安"⓮。郡县制胜于封建制的地方便在能择守宰,能进贤退不肖,赏贤罚不肖。"且汉知孟舒于田叔,得魏尚于冯唐,闻黄霸之明审,睹汲黯之简靖,拜之,可也,复其位,可也,卧而委之以辑一方,可也。有罪得以黜,有能得以赏——朝拜而不道,夕斥之矣;夕受而不法,朝斥之矣。"⓾这正是能择人,能择人才能"得人"。但如孟舒、魏尚,本都是罢免了的,文帝听了田叔和冯唐的话,才知道他们的贤能,重行起用,官复原职。可见知人善任,赏罚不差,也是不容易的。这不但得有贤明的君主,还得有贤明的辅佐。"谨择守"⓫只是个简要的原则,实施起来,得因时制宜,斟酌重轻,条目是无穷尽的。能"谨"择守宰,便能"得人",天下便能"理(治)安"了。"得人"真可算是一个不变的道理;纵贯古今,横通四海,为政都不能外乎此,不过条目随时随地不同罢了。柳宗元说郡县制是"公之大者"⓭,便是为此。封建之初,虽然是"其德在人(民)者",死了才"求其嗣而奉之"❷,但后来却只是"继世而理(治)"。"继世而理(治)者,上果贤乎?下果不肖乎?"⓮这只是私天下,家天下。"贤圣生于其时,亦无以立于天下,封建者为之也"⓮。汤武虽是"圣王",而不能革除封建制,也不免有私心;他们是"私其力于己也,私其卫于子孙也"。秦始皇改封建为郡县,其实也出于另一种私心;这是"私其一己之威","私其尽臣畜于我"。可是从天下后世看,郡县制使贤不肖各居其所,使圣贤有以立于天下,确是"公之大者"。所以说"公天下之端自秦始"⓭。向来所谓"公天下",原指尧舜传贤,对禹传子的"家天下"而言。那是整个儿的

"以天下与人"。但尧舜之事太"远"了,太理想了。本篇着重实际的政制,所以存而不论。就实际的政制看,到了柳宗元的时代,郡县制确是"公之大者"。他将新的意义给予"公天下"这一语,而称"公天下之端自秦始",也未尝没有道理。

议论文不管是常理,是创见,总该自圆其说,所谓"持之有故,言之成理"。最忌的是自相矛盾的毛病。议论文的作用原在起信;不能自圆其说,甚至于自相矛盾,又怎么能说服别人呢?本篇开端道:"天地果无初乎?吾不得而知之也。生人(民)果有初乎?吾不得而知之也。然则孰为近?曰,有初为近。孰明之?由封建而明之也。"上面的两答,好像是平列的;下面的两问两答却偏承着"生人(民)果有初乎?"那一问说下去,将"天地果无初乎?"一问撇开了。按旧来的看法,这一问原是所谓陪笔,这样撇开正是很经济的。可是我们觉得"无初"一问既然在篇首和"有初"一问平列的提出,总该交代一笔,才好撇开去。照现在这样,不免使人遗憾。篇中又说,"群之分,其争必大;大而后有兵有德"。接着却只说"德又大者",更不提"有兵"一层。论到世袭制,也只说"其德在人(民)者,死必求其嗣而奉之"❷。柳宗元不提"有兵"的用意,我们是可以看出的,上文已见。他这儿自然也是所谓省笔;可是逻辑的看,他是并没有自圆其说的。——前一例是逻辑的不谨严,广义的说,不谨严也是没有自圆其说的一目。

又,篇中说:"彼封建者,更古圣王尧舜禹汤文武而莫能去之。盖非不欲去之也,势不可也。势之来,其生人(民)之初乎?"❶后面却又说,"殷(汤)周(武)之不革者,是不得已也"❸。这"不得已"虽也是"势",却跟那"生人(民)之初"的"势"大不相同。这就未免自相矛盾了。篇中又说,"魏之承汉也,封爵犹建,晋之承魏也,因循不革;而二姓陵替,不闻延祚"❷。这是回答那第二难。但魏晋只是郡县、封建两制兼用,而郡县更见侧重。用这两代来

证明"秦郡邑而促",似乎还比用来反证"夏商周封建而延"合适些。那么,这也是自相矛盾了。韩愈给柳宗元作墓志,说他"议论证据今古,出入经史百子,踔厉风发,率常屈其座人"。五百家注柳集说:"韩退之文章过子厚而议论不及;子厚作《封建论》,退之所无。"长于议论的人,精于议论的文,还不免如上所述的毛病,足见真正严密的议论文还得有充分的逻辑的训练才成。

本篇全文是辩论,是非难。开端一节提出"封建非圣人意",已是一"非";所以后面提出第一难时说"余'又'非之"❼。这两大段大体上是"反复"的。反复可以加强那要辩明的主旨,并且可以使文字的组织更显得紧密些。这两段里还用了递进的结构。论封建的起源时,连说"又有大者"、"又大者",一层层升上去,直到"天下会于一"。接着从里胥起又一层层升上去,直到天子。论汉代政制时说:"设使汉室尽城邑而侯王之,纵令其乱人(民),戚之而已。……明谴而导之,拜受而退已达矣。下令而削之,缔交合从之谋周于同列,则相顾裂眦,勃然而起——幸而不起,则削其半;削其半,民犹瘁矣。"❿也是一层层升上去,不过最高一层又分两面罢了。递进跟反复是一样的作用,可以说是"异曲同工"。本篇的组织偏重整齐,反复和递进各是整齐的一目。篇中还用了许多偶句,从开端便是的,总计不下三十处,七十多语。又用了许多排语,如"周有天下"❸,"秦有天下"❹,"汉有天下"❺;"周之事迹断可见矣"❽,"秦之事迹断可见矣"❾;"周事然也"❽,"秦事然也"❾,"汉事然也"❿;"有叛人(民)而无叛吏"❹,"有叛国而无叛郡"❺,"有叛将而无叛州"❻;"失不在于州,而在于兵"❻,"失在于制,不在于政"❽,"失在于政,不在于制"❾等等。偶句和排语也都可以增强组织的。柳宗元在朝中时,作文还没有脱掉六朝骈俪的规矩;本篇偏重整齐,多半也是六朝的影响。

　　本篇是辩论文,而且重在"破",重在非难。凡关键的非难的句子,总是毫不犹疑,斩钉截铁。如开端的"封建非圣人意也"❶❷,结尾的"非圣人意也"⓮,论秦亡说"非郡邑之制失也"❹;回答第二难说"尤非所谓知理(治)者也"⓬;回答第三难说"是大不然"⓭,都是斩截的否定的口气。这些是柳宗元的信念。他要说服别人,让他自己的信念取别人的不同的或者相反的信念而代之,就得用这样刚强的口气。要不然,迟迟疑疑的,自己不能坚信,自己还信不过自己,又怎能使别人信服呢? 若是短小精悍的文字,有时不妨竟用这种口气一贯到底。但像本篇这样长文,若处处都用这种口气,便太紧张了,使读者有受威胁之感。再则许多细节,作者本人也未必都能确信不疑,说得太死,让人挑着了眼儿,反倒减弱全文的力量。这儿便得斟酌着掺进些不十分确定的、商榷或诘难的口气,可不是犹疑的口气。这就给读者留了地步,也给自己留了地步,而且会增加全文的情韵或姿态。在本篇里,如"势之来,其生人(民)之初乎?"❶"得非诸侯之盛强,末大不掉之咎欤?""则周之败端,其在乎此矣。"❸"不数载而天下大坏,其有由矣。"❹"曷若举而移之,以全其人(民)乎?"❿便都是商榷的口气。如"何系于诸侯哉?"⓬"继世而理(治)者,上果贤乎? 下果不肖乎?""岂圣人之制使至于是乎?"⓮便都是诘难的口气。

　　本篇征引周秦汉唐四代的事迹,而能使人不觉得有纠缠不清或琐屑可厌的地方,这是因为有剪裁。一代的事迹往往浩如烟海,征引时当然得有个选择。选择得按着行文的意念。这里需要的是判断,是眼光。所取的事迹得切合那意念,或巧合那意念;前者是正锋,后者只是偏锋。这是剪裁的第一步。所取的事迹是生料,还得融铸一番。或引伸一面,或概括全面,或竟加以说明;总得使熟悉那些事迹的读者能领会到精细的去处,而不熟悉的读者也能领会到那意念,那大旨。这后一层是很重要的。因为熟悉史事的读

者究竟比不熟悉的读者少得多；一般不熟悉史事而读书明理的读者，作者是不得不顾到的。大概简单些的事迹，直陈就行了，复杂些的就得加以概括或说明。这是剪裁的第二步。本篇秦代的事比较少些，比较简单些；但只第一回征引可以算是直陈的❹，第二回便以说明为主了❾。唐代的事虽不少，却也只概括的叙了几句❻⓫，这缘由上文已见。周汉两代的事都繁多而复杂，最需要第二步的剪裁的便是这些。

篇中第一回征引周事甚详，便不得不多用说明的语句。如"然而降于夷王，害体伤尊，下堂而迎觐者"❸，"下堂而迎觐者"是"害礼伤尊"，说明了对于一般读者更方便些。又如"厥后问鼎之轻重者有之，射王中肩者有之，伐凡伯、诛苌弘者有之；天下乖戾，无君君之心"。有了后二语，即使不熟悉上面的三件事，也可以知道它们的性质和征引的用意。又如"遂判为十二，合为七国，威分于陪臣之邦，国殄于后封之秦；则周之败端，其在乎此矣"，"周之败端"也是说明语。这一节也参用概括的叙述，如说周初的封建，只用"周有天下，……离为守臣、扞城"一长句。又如"历于宣王，挟中兴复古之德，雄南征北伐之威，卒不能定鲁侯之嗣"，也是的。——末一语在不熟悉史事的读者，可以"概括化"为"卒不能定诸侯之嗣"，意思还是明白的。篇中征引汉事，多作概括语。如"数年之间，奔命扶伤而不暇；困平城，病流矢"❺，上面接着"汉有天下"，叙的自然是高祖了。这里前二语概括了数年间诸王叛变的事迹，后二语举了两个最利害的例子，只要知道了这两件事是数年间最利害的例子，一般的读者也就算懂得了。下面紧接着"陵迟不救者三代；后乃谋臣献画，而离削自守矣"，寥寥二语里也概括了许多事迹。又如"且汉知孟舒于田叔，……卧而委之以辑一方，可也"一长句❿，连举了六个人名，似乎会使一般的读者感到困难。但说"知"，说"得"，说"明审"、"简靖"，又说"拜之"，"复其位"，"卧而委之以辑一方"，这些说明的词句，再加上上下文，那

六个人名也不会妨碍一般的读者了解大意的。

　　篇中有些词句，也许需要讨论。如"不初无以有封建"❶，"不初"等于"不是生人（民）之初"，"初"是名词作动词用；"无以"是熟语。全句翻成白话是，"不是生民之初，没理由会有封建"，或"不是初民社会不会有封建"。这句话若用文言的肯定语气，该作"有初而后有封建"，但不及双重否定的斩截有斤两。"周有天下，裂土田而瓜分之，设五等，邦群后；布履星罗，四周于天下，……"句读是照旧传。有人在"邦"字断句，将"群后"属下句。这样，"周……设五等邦""群后布履星罗，……"好像容易讲解些，也合于文法些。但"五等"是成词，"五等邦"罕见；本篇还有六朝骈俪的规矩，"设五等，邦群后"二语正是相偶的。至于文法，骈体和诗自有它们的规律，跟一般的文法原有不同的去处。所以我们觉得还是旧传的句读理长些。——"履"是"所达到的地界"，"布履"是"分布的地界"。"据天下之雄图，都六合之上游"❹，写秦的形势。这儿"雄图"的"图"是版图，不是谋略。"六合"原指天地四方，这儿只是宇内或天下的意思。——"六合"用在这里实在不妥帖；只因上一语有了"天下"，只得另找一词对偶。这是骈体的毛病。——"负锄梃谪戍之徒"❹一语，从贾谊《过秦论》的"锄耰棘矜"、"谪戍之众"变出，但不是骈体的句子而是"古文"的句子。这种句法，以前似乎没有，大概是当时的语言的影响。——韩愈提倡"古文"，主要的其实也只是教人照自然的语气造句行文罢了。这一语里"负锄梃"是形容"谪戍之徒"的，翻成白话的调子该是"负锄梃的谪戍之徒"；按文法说，"负锄梃"下似乎该有个"之"字。但一语两个"之"字，便嫌啰唆，句子显得不"健"似的，"古文"里这样两"之"的句法极罕见。这些地方不宜拘守那并未十分确定的文法，只消达意表情明白而有力就成。况且"负锄梃"这样句法后来也成了用例了。

　　"继汉而帝者，虽百代（世）可知也"❺，袭用《论语》"其或继周者，虽百

世可知也";不过孔子的话只是理想,柳宗元却至少有唐代作证。"有理(治)人(民)之制而不委郡邑是矣。有理(治)人(民)之臣而不使守宰是矣"❾,是说明"秦之事迹"的。第一语"理(治)人(民)之制"就指的郡县制;可是郡邑无权。第二语"理(治)人(民)之臣"泛指贤能之士;贤能不在位,守宰不得入。"幸而不起,则削其半;削其半,民犹瘁矣"❿,"削其半"是被朝廷"削其半","民犹瘁矣"是说那被削的一半的人民在被削以前,和那未被削的一半的人民,总之是吃苦的。"将欲利其社稷,以一其人(民)之视听,则又有世大夫世食禄邑,以尽封略"⓮,前二语只是"为施政的便利,求制度的一贯"的意思。——以上是句。"所伏必众"❷,伏,服也。"圜视而合从"❹,"圜视"一出在贾谊的《治安策》里,就是"睁圜了眼看着",表示惊愕的神气;"合从"借用六国合从的事迹,表示"叛秦"的意思。"戚之而已"❿,戚,忧也,又愤恨也。这些是"实词"。"告之以直而不改,必痛之而后畏"❷,两"之"字泛指上句里"所伏"的人——指其中的有些人。"秦制之得,亦以明矣"❺,"以"和"已"通用。"私有力于己也,私其卫于子孙也","私其一己之威也,私其尽臣畜于我也"⓭,四"其"字都相当于白话的"那"字。这些是"半实词"。"彼其初与万物俱生"❷,"其"等于"之":这里用较古的"其",是郑重的语气。"秦有天下,裂都会而为之郡邑,废侯卫而为之守宰"❹,两"之"字也只是增强语气的词。"及夫大逆不道","及夫郡邑,可谓理(治)且安矣"❿,两"及夫"都是"至于"的意思,但第一个指时间说,第二个指论点说。"且汉知孟舒于田叔……"❿,"且"只是发端词,和"夫"字一样。这儿用"且",也许是有意避开上面两个"及夫"里的"夫"字——那两个"夫"字可是增强"及"字的语气的。这些是"虚词"。

篇中除袭用《论语》一句外,还袭用贾谊《过秦论》和《六代》、《五等》两论的词句不少。如"秦有天下"一节❹,便多出于《过秦论》。其中"负锄梃"

二语上文已论。"据天下之雄图,都六合之上游,摄制四海,运于掌握之内",也是櫽括《过秦论》的词句。《过秦论》说:"秦孝公据殽函之固,拥雍州之地,……有席卷天下,包举宇内,囊括四海,并吞八荒之心。"又说:"及至始皇,奋六世之余烈,振长策而御宇内,吞二周而亡诸侯,履至尊而制六合,执敲朴以鞭笞天下。"都是这四语所本——这儿"六合"这个词是很妥帖的。《六代论》汉景帝时七国之乱,有"所谓'末大必折,尾大难掉'"一语。这是引用《左传》,本篇用"末大不掉"❸,大约还是《六代论》的影响。这儿将原来两语合为一语,自然是求变化。但"末大必折"本说树木枝干太大,根承不住,是会断的。现在这样和另一语拼合起来,各存一半,便不但失去原来两语的意义,而且简直是语不成义了。

篇中"矫秦之枉,徇周之制"❺,出于《五等论》的"汉矫秦枉"、"秦因循周制";而"不数载而天下大坏,其有由矣"❹的句调也出于同论的"周之不竞,有自来矣"——这两句都是总冒下文的。《六代论》的作者曹冏是魏少帝的族祖。那时少帝年幼。曹冏历举夏殷周秦汉魏六代的事,主张封建宗室子弟,"强干弱枝,备万一之虑",作成此论,想感悟当时的执政者曹爽。曹爽没有采纳他的意见。此论纯为当时而作。《五等论》论"八代之制","秦汉之典"——"八代"指五帝三王而言。陆机是说古来圣王立"五等"治天下,"汉矫秦枉,大启侯王,境土逾溢,不遵旧典",于是乎有"过正之灾",却"非建侯之累"。他也是封建制的辩护人,可是似乎纯然出于历史的兴趣,不关时政。本篇只引周秦汉唐的事迹,韩愈所谓"证据今古",跟曹的重今,陆的述古,都是同而不同;柳宗元的态度是在曹陆之间。

封建制、郡县制的得失,主要的是中国实际政制问题,不独汉唐为然。明末的顾炎武还作了九篇《郡县论》。他说:"知封建之所以变而为郡县,则知郡县之敝而将复变。然则将复变而为封建乎?曰,不能。有圣人起,寓封

建之意于郡县之中,而天下治矣。"又说:"封建之失,其专在下;郡县之失,其专在上。……有司之官凛凛焉救过之不给,以得代为幸,而无肯为其民兴一日之利者。民乌得而不穷?国乌得而不弱?"他主张"尊令长之秩,而予之以生财治人之权,罢监司之任,设世官之奖,行辟属之法——所谓寓封建之意于郡县之中"(论一)。我们看了他这番话,也许会觉得不伦不类,但他也是冲着时代说的。那时流寇猖獗,到哪里打劫哪里,如入无人之境一般;守土的"令长"大都闻风逃亡,绝少尽职抵抗的人。顾炎武眼见这种情形,才有提高令长职权,创设世官制度那番议论。就是我们民国时代,在国民革命以前,也还有过联省自治和中央集权的讨论,参加的很不少,那其实也在封建制和郡县制的得失的圈子里。